人性的弱点

「美」戴尔·卡耐基 / 著　语嫘 / 译

内蒙古出版集团
远方出版社

图书在版编目（CIP）数据

人生的弱点 / ［美］戴尔·卡耐基 著；语娴 译. ——呼和浩特：远方出版社，2015.6（2019.7 重印）

ISBN 978-7-5555-0458-0

Ⅰ. ①人… Ⅱ. ①卡… ②语… Ⅲ. ①心理交往－通俗读物 Ⅳ. ①C912.1

中国版本图书馆 CIP 数据核字（2015）第 135550 号

人性的弱点

著　　者　［美］戴尔·卡耐基
译　　者　语　娴
责任编辑　刘洪洋
装帧设计　柏拉图创意机构
出版发行　内蒙古出版集团　远方出版社
社　　址　呼和浩特市乌兰察布东路 666 号
　　　　　（电话：0471-2236466 邮编：010010）
经　　销　新华书店
印　　刷　北京艺辉印刷有限公司
开　　本　880mm×1230mm　1/32
字　　数　136 千
印　　张　8
版　　次　2015 年 10 月第 1 版
印　　次　2019 年 7 月第 5 次印刷
标准书号　ISBN 978-7-5555-0458-0
定　　价　28.00 元

阅读本套丛书可获得的10项技能：

1．突破思维定式，树立新观念，拓展新视野，获取自信心。

2．快速建立人脉圈子，并赢得朋友的肯定。

3．提升个人魅力，更受他人欢迎。

4．学会提出真诚、中肯的建议，使别人乐于赞同。

5．掌握职场人际交往的真谛，扩大影响力并提高应变能力。

6．宽容大度，甘于奉献，建立和谐的人际关系。

7．把话说到他人的心窝里。

8．逻辑清晰，严于律己，培养出色的管理能力。

9．摆脱忧虑，愉悦充实地过好每一天。

10．学会营造和谐的家庭环境及幸福美满的夫妻生活。

阅读本套丛书的9条建议：

1. 建立一种为人处世的原则，并将这一原则带入日常生活中加以灵活运用。
2. 在阅读下一章之前，将前面的章节再仔细研读两遍。
3. 阅读时要做到举一反三，学会把书中的每项建议运用到实践中去。
4. 把对自己有重要帮助的句子做上标记，以加深记忆和理解。
5. 把本书放在容易拿到的地方，以便随时翻阅，至少每月将它温习一次。
6. 把本书当作你的高级参谋，在生活和工作中，一有机会就运用这些原则。
7. 让身边的人监督自己，当你违反某项原则而被他们发现时，就给他们一美元以警示自己。
8. 每周自我反省一次，哪些地方该得到肯定，哪些地方有待改进，以后如何做得更好。
9. 最后准备一个笔记本，写下自己在实践中的感悟。

作者自序 | Preface

在20世纪前35年当中，美国的出版商曾发行过20多万种图书，但大多数图书可读性不强、实用性差，从而导致销售业绩不佳，许多图书难以收回成本。世界上最大的书局之一的经理最近向我诉苦说，作为一家拥有75年出版经验的公司，每出版8种书就有7种书收不回成本，亏损比例高得惊人。

在图书市场如此低迷的情况下，为什么我仍信心十足地冒险写作本丛书呢？在我写好之后，你为什么还要花钱购买，并且愿意花费宝贵的休息时间去阅读它呢？这些问题都很有道理，在下文中我将一一做出回答。从1912年起，我在纽约为职场与商务人士讲授教育课程。起初我只开设了演讲这门课程，用实战经验培训成年人，帮助他们在商务接洽及在公共场合做到落落大方、应对自如，并且能更加明确、高效、稳健地发表自己的想法和见解。

经过几届的培训，我渐渐觉得这些成年人不仅急需受到演讲训练，而且更迫切需要在日常事务和人际交往中与人友好相处的技巧训练；同时也深切感悟到，我本人也需要这种训练。如何做到上亲下和、左右逢源地与人相处，是我当前面临的最大问题。作为一名商人更是如此。当然，如果你是一位会计师、家庭主妇、建筑师或工程师，也会面临这个问题。数年前，卡耐基基金会资助的一项调查研究表明——这一结果后来又由卡耐基技术研究院的另一项研究所证实：即使是从事技术工作的员工，他所获得的高额报酬，约15%来自他的专业技术，约85%是来自他为人处世的技巧，也就是他的个人魅力和领导能力。

多年以来，我每个季度都会在费城工程师俱乐部举办讲座，同时还在美国电机工程学会纽约分会开设讲座。有1500名以上的工程师接受过我的训练，他们既有学历又有知识，之所以还要来参加我的讲座，是因为他们根据多年的观察与经验最终发现，报酬最高的工程师通常不是专业知识最丰富的人。例如，我们可以用适当的报酬去雇用工程、会计、建筑或其他专业的技术人才，市场上永远都不缺专业人才。一般来说，获取高薪的人除了具备专业知识外，还具备领导能力以及激发他人潜能的能力。

“美国石油大王”洛克菲勒在其事业的鼎盛时期说过：“与人打交道也是一种可以购买的商品，正如糖或咖啡一样，我愿意支付比世上任何商品都要高的报酬来购买这种能力。”

你们不认为每所大学都应该开设这种与人相处的实用课程，来挖掘每个人最大的潜能吗？但是，直到我写本丛书为止，还没有哪一所大学开设了这门既实用又能满足成年人需求的课程。

芝加哥大学与青年会联合学校曾经耗资25000美元，用

2年的时间在康涅狄格州的米利顿进行了一项调查，了解成年人最关心哪些问题。他们调查的问题多达156个，其中包括个人职业和专业、受教育程度、休闲方式、收入和爱好、婚姻和养老、保险和医疗……最终结果表明，在成年人最关心的问题中，健康排在第一位，其次就是如何与人相处，如何让自己得到别人的肯定与赞美，如何使别人接受自己的意见。

针对调查结果，调查委员会立即决定在米利顿为成年人开设一门如何与人相处的课程。然而，他们找不到任何一本有关这方面的实用书籍，最后他们找到了一家世界著名的成人教育机构，希望从这家机构找到能够满足成年人需求的书籍。这家成人教育机构的回答是否定的，并且说他们也知道这些成年人需要什么，但是他们所需要的书至今都没有人写。

由此可知，这话无疑是正确的，因为我自己也花了许多年的时间去寻求一本人际关系学实用手册。苦于一直找不到这种书，我自己写了几本，其中包括《人性的优点》《人性的弱点》《语言的突破》《美好的人生》《快乐的人生》，作为培训教材使用，希望你们会喜欢它们。

为了写好这些作品，我阅读了自己所能找到的有关资料，包括报刊以及成功学家、哲学家、心理学家的著作。我还雇用了一位受过训练的研究员，花了一年半的时间，在各大图书馆阅读我所遗漏的东西，钻研各种心理学专著，浏览了千百篇杂志文章，搜索了无数人物传记，以了解各时代的伟大人物是如何与他人相处的。我阅读过自恺撒到爱迪生各个时代的人物传记。仅仅西奥多·罗斯福的传记，我就读了100多本，直到现在我仍清楚地记得其中的内容。我们不惜时间和金钱，决意要找到各个时期都曾使用过的有关赢得朋友及影响他人的切实方法。

我还亲自拜访过数十位成功人士和世界著名人物，如马可尼、罗斯福、杨·欧文、盖勃尔、约翰逊等，竭尽全力地了解他们为人处世的技巧。

我利用搜集的材料整理了一篇简短的演讲稿，题目叫作《如何赢得朋友以及影响他人》。令人遗憾的是，它的内容太少了，所以后来我把它补充成了一个半小时的演讲稿。多年来，当我每个季度在纽约的卡耐基研究所进行演讲时，都会用上这一篇。

起初我把这些规则写在和明信片差不多大小的卡片上，接着将它们印在大一些的卡片上，后来又印成了一本小册子，再后来它们成了一小套书。它们的篇幅和内容，一直在不断地补充与完善之中，经过长达15年的实践与探索，终于推出了这套丛书。

当然，本丛书所讲述的规则不是一种肤浅的理论或无端揣测。它们在人际关系学方面有着立竿见影的奇效，听起来似乎令人难以置信，但这些规则确确实实地改变了我们的生活与事业。

一位拥有340个雇员的公司老板，每天总是不停地抱怨与责难他的员工，对他来说，赞美与鼓励员工是件奢侈品。当他学习了这套丛书以后，他的人生观与价值观发生了巨大的改变。现在，他的公司具有高度的凝聚力，340 名员工都与他打成了一片。他在一次演讲中得意地说：“以前我在公司里行走时，他们都对我敬而远之，即使面对面也会转过头去。现在他们都成了我的朋友，见面时既友好又亲切。”

这位老板用了不到 10 个月的时间便完成了全年的业绩，他不仅获得了更多的利润，而且在工作和家庭中也享受到了更多的幸福。

生活中，有无数推销员因为运用了书中的技巧，销售业绩直线上升。例如，许多销售员已经开发了很多新的大客户，而这些客户是他们以前不敢奢望的。许多公司的高级职员也获得了更大的职权，薪水得到了大幅增长。还有电力部门的高级职员，因为好大喜功、刚愎自用而被公司降职减薪，在接受这项培训后不仅恢复了职位，还拿到了比以前更多的薪水。

屡次参加课程训练的人妻（或人夫）对我说，自从他们接受了这种训练，他们的家庭比以前更加和谐了。

人们常常对自己所得到的结果感到十分惊异，这一切就像魔术一般，简直太不可思议了。有时候，他们会在休息时间或礼拜天打电话到我家来，激动不已地告诉我他们所取得的成就……

我还收到了许多学员的来信。其中，一位德国学员（他的祖先曾在德国贵族霍勒恩手下世代担任终身军官）在一艘横渡大西洋的轮船上，以一种近乎宗教式的虔诚，写信向我讲述了他运用这些规则的情况。还有一位毕业于哈佛大学、非常富有的老学员感叹道，他在 14 周时间里学到的关于影响他人的艺术，比他在哈佛大学 4 年间所学到的还要多许多。是不是令人难以置信？但它是千真万确的，因为这是这位老学员在 1933 年 2 月 23 日（星期四）晚上在纽约的雅尔俱乐部面对大约 600 人的公开演讲中所说的内容。

哈佛著名教授威廉·詹姆斯说："与我们应当取得的成就相比，我们不过是半醒着，我们现在只利用了身心资源的一小部分。广义地说，人类就是这样生活着，远在其应有的极限之内。人类有着各种潜能，却惯于不会利用。"

开发你所拥有却仍未被利用的潜能吧！本丛书唯一的目的就是帮助你发现、发展和利用自身潜在的却又未曾利用的资源。

戴尔·卡耐基
一九三六年

目　录 | Contents

第四章　获取他人信服的 9 个诀窍　197

第一章　待人处事的基本技巧

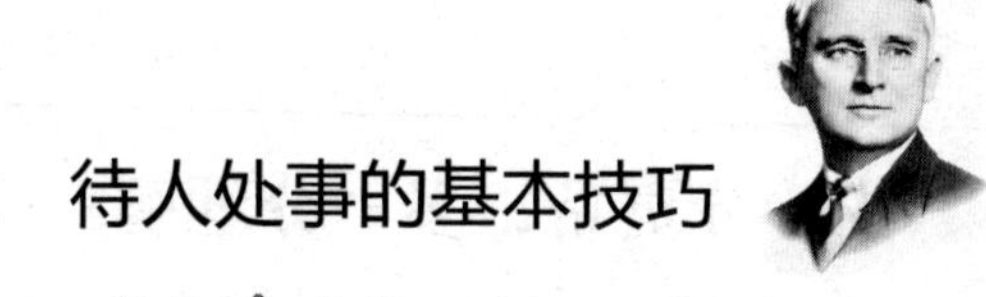

◎ 少一分责备，多一分理解

◎ 献出诚恳的赞赏，给人以自重感

◎ 满足他人的核心需求

少一分责备，多一分理解

1931 年 5 月 7 日，美国纽约上演了一宗骇人听闻的追捕行动。有着“双枪神射手”之称的杀人犯克劳雷遭到警方包围，被困在了西末街情人的公寓里。

150 名警察把克劳雷包围在公寓顶楼。他们先将屋顶刨开一个洞，试图借助催泪瓦斯把克劳雷熏出来，但没有奏效。经过一个多小时的严密部署，警察已把机枪安置在四周的建筑物上。克劳雷藏在一把堆满杂物的椅子后面，掏出手枪接连向警察射击。高级住宅区的宁静，被一阵阵刺耳惊心的机枪声、手枪声打破。上万市民怀着激动而兴奋的心情，观看这场警匪格斗的好戏。这是纽约从来没有发生过的事情。

克劳雷被捕后，纽约警察局长发表声明指出：“这个有着‘双枪神射手’之称的暴徒是纽约治安史上最危险的罪犯之一。他杀人就像切葱一样……他将会被判处死刑！”

那么，“双枪神射手”克劳雷又是如何为自己辩护的呢？在警察围攻他藏身的公寓时，克劳雷写了一封公开信，当时他已经受伤，信纸上留下了斑斑血迹。信中有这样一段话：“在我的身体里面深藏着一颗疲惫的、仁爱的、不愿伤及任何人的心。”

克劳雷在被捕之前，驾着汽车在长岛的一条乡间公路上跟女伴调情。一个警察突然走过来，要求他出示驾驶证。克劳雷二话不说，拔出手枪就朝警察连开数枪，警察中枪倒地。接着，克劳雷从汽车里跳出来，从警察的枪套里拔出手枪，又朝倒在血泊里的警察一阵狂射。这就是克劳雷所说的“在我的身体里面深藏着一颗疲惫的、仁爱的、不愿伤及任何人的心”吗？

当克劳雷被押到受刑室的电椅上执行死刑时，大家肯定认为克劳雷会说：“这是我多行不义、杀人作恶应有的下场！”不，你完全错了，他死前说的最后一句话是：“这就是我选择自卫而得到的结果。”

这里讲这个故事的目的是想告诉读者，克劳雷对自己的所作所为没有丝毫的自责，他到死都没有明白自己所犯下的罪行。这是罪犯分子在犯罪时的一种不寻常的态度吗？

如果你是这样认为的，不妨再听听美国赫赫有名的黑社会头目阿尔·卡庞所说的话：“我将一生中最好的岁月都用来为别人谋求幸福，使大家过上幸福快乐的生活，而我所得到的回报，却是侮辱、唾骂及警方的搜捕。”卡庞从来没有自省过，他认为自己一直致力于为社会做贡献，造福于民，只是许多人不理解他、误解他。在纽约恶名昭彰的休斯在接受新闻记者采访时也说过类似的话，他自认为是一个有益于社会与人民的人。其实他是一个无恶不作、罪不可赦的罪犯。

就这一问题，我曾经和星星监狱的监狱长华赖·劳斯有过几次有趣的通信，他说：“在星星监狱里，基本上没有犯人承认自己是坏人，他们认为自己与普通人一样善良守法。当问及他们为什么犯罪时，他们会找各种理由来进行辩解。甚至说自己之所以有这样的举动，完全是为了反抗现实的不公，政府根本就不应该把他们囚禁于此。”

如果“双枪神射手”克劳雷、卡庞、休斯和关押在监狱中的亡命之徒，都对自己犯下的罪行毫不自责，以各种理由加以推脱，那么我们又何必强求身边的人能很快意识到自己的错误呢？

著名心理学家金勒曾通过一项动物实验给出了有力的证明：表现出色且常常受到肯定的动物，它们在学习上进步很快且持久稳定；表现差的动物容易受到打击与惩罚，它们的学习能力及速度都不尽如人意。华纳梅克曾这样说过：“30 年前我就明白，责备他人是一件愚蠢的事，我并不埋怨上帝对智慧的分配不均，因为要克服自己的缺陷都已经非常困难了。”

华纳梅克很早就学会了克制自己，可是我自己在这个古老的世界上，盲目地生活了 30 多年之后，才豁然感悟到：即使 100 次中有 99 次做错了，不管犯下的错误有多大，绝大多数人都不会自责。

批评和责备他人没有任何意义，结果还会适得其反。因为被批评的人会在心理上筑起一道严密的防线，并且还会找各种荒唐的理由进行辩解和推脱。批评与指责人对事情不会有什么改善，只会伤害他人的自尊，激发他人的反抗情绪。伟大的心理学家席勒也说：“人们总是渴望赞扬，同样也害怕指责。”

乔治·约翰逊是俄克拉荷马州一家工程公司的安全检查员，他的职责之一是检查工人在工地上作业时，有没有按规定戴安全帽。他说，如果他利用职权命令没有戴安全帽的工人改正时，工人通常会很不高兴，当他一离开，他们便摘掉帽子。

后来，约翰决定改变处理方式，当他看见工人没有戴安全帽时，便会用关心的语气问他们帽子是不舒服还是大小不合适，然后以温和的口吻提醒工人，戴安全帽是为了防止发生意外，保护他们的生命安全。结果工人再也没有抵触情绪，并能够欣然接受。

德国军队里有一项奇怪的规定，如果士兵在军营里受到了委屈或不公正的待遇，不准许立即申诉辩解。这需要他们忍耐，直到这股怨气消失。如果他们当即申诉，会受到严惩。在日常生活中，处处可见满腹牢骚的父母，絮絮叨叨的妻子，严厉苛刻的老板，吹毛求疵、锱铢必较的人，似乎也有必要用德国军队中这个奇怪的规定来约束世人。

在历史的长河中，批评毫无效果的例子数不胜数。罗斯福和塔夫脱总统那场世人皆知的争论，致使美国共和党产生了分裂，也使得威尔逊顺利地入驻白宫，使他在世界大战中写下了辉煌的一页，从而改变了历史发展的方向。让我们去快速地回顾当时那惊心动魄的一幕：

1908 年，罗斯福帮助塔夫脱竞选美国总统成功后，便离开白宫前往非洲猎狮。当他从非洲回来的时候，发现塔夫脱的施政理念与自己当初支持他上台时的施政理念大相径庭，内心很是震惊，他在抨击塔夫脱的同时表示自己有担任第二任总统的打算，并且组建了一个公麋党。罗斯福这一行动几乎瓦解了共和党。在这次选举中，塔夫脱和共和党仅仅获得了两个州的选票，这是共和党有史以来最大的一次失败。

面对罗斯福的谴责，塔夫脱并不接受，并且没有丝毫的悔意，只是两眼饱含着泪水说："我没有什么不对的地方，更不清楚我错在哪里。"

这件事究竟谁对谁错？我不知道，也不关心。不过，我现在要指出的一点是，罗斯福所有的批评并没有使塔夫脱觉得自己不对，只是使他尽力替自己辩护，饱含着泪水在公众面前反复重申自己没有错。

被舆论炒作了好几年，震惊全美的阿尔伯特·胡佛的石油贪污案，这件事大家应该还记得。它在美国人的记忆里都属于极其罕见的。让我们快速地回顾一下当时的情形：

当时阿尔伯特·胡佛是哈定总统上任后任命的内政部长，拥有政府在阿尔克山丘和茶壶盖地区石油保留地的租赁权，在没有公开招标的情况下，他将这份优厚的合同，交给了他的好朋友爱德华·杜亨尼，而杜亨尼以10万美元"贷款"作为回报。之后，胡佛利用手中的权力，调用美国海军驱赶别的竞争者，以免他们位于周围的油井吸干阿尔克山区的原油。那些被驱逐的石油商不甘心接受这个事实，于是去法院揭发了这桩官商勾结案。事情曝光后，全美一片哗然。胡佛这一行为不仅使哈定政府遭到毁灭性的打击，也几乎瓦解了共和党的势力，胡佛也被判刑入狱。

在美国联邦政府的高官中，几乎没有人像胡佛这样受到世人的强烈谴责。但是，成为阶下囚后的他根本没有后悔过、认过错！

事情过去几年后，美国国家安全局局长福尔在一次公开演讲中暗示，哈定总统的死与精神的刺激和内心的忧虑有关，原因是有个朋友曾经出卖了他。当时胡佛的妻子也在座，听到这话后她立刻从椅子上跳了起来。她失声痛哭，紧紧握着拳头，大声说："什么……哈定是胡佛出卖的？不，我丈夫从未辜负过任何人。即使这间屋子里堆满了黄金，也不会诱惑我丈夫做坏事。他才是被别人所出卖，落得如此狼狈不堪的结局！"

由此你可以明白，做错事后一味地怨天尤人，而绝不承认自己的错误，是人类的天性。因此，当我们批评责备他人的时候，不妨想想克劳雷、塔夫脱和胡佛给予我们的启示。

批评就像我们饲养的鸽子，不管经历多少风霜雨雪，最终还是会飞回到我们身边。历史事件可以让我们明白，当我们去责备、批评和埋怨他人的同时，别人通常会本能地为自己辩解推脱，甚至反过来谴责我们。正如塔夫脱抨击罗斯福所说的那样："我不知道我该怎样做，才能让你们心满意足。"

1865 年 4 月 15 日，星期六的早晨，林肯总统奄奄一息地躺在福特戏院对面一套简陋公寓的卧室中。他在戏院遭到了布恩的枪击。他那瘦长的身体躺在一张松垮的床上，正在与死亡做最后的斗争。靠床的墙壁上挂着一幅罗莎・彭哈尔的名画复制品《马市》，一盏煤气灯散发出幽暗、惨淡的亮光。

就在林肯刚刚停止吸呼的那一刻，陆军司令斯坦顿悲痛万分地说："躺在那里的，是人类有史以来最完美的领袖。"

为了弄清林肯总统成功的秘诀，我曾花了近 10 年的时间来研究林肯光辉的一生，同时我用了整整 3 年的时间，撰写了一部有关他的书，书名为《人性的光辉》。我尽己所能地对林肯总统生前所有的生活阅历、性格特征及为人处世的方式方法进行了深入透彻的研究。林肯总统一生中有没有随意批评指责过别人呢？答案是肯定的，林肯年轻时住在印第安纳州的鸽溪谷，他不但批评别人，而且还写信作诗讥笑过别人。他总是把写好的信件扔到容易被人拾到的街道上。即使在伊利诺伊州的春田镇做执业律师，林肯仍然喜欢抨击别人，还偶尔写成文章发表在报纸上。其中有一篇文章公然对他的竞争对手进行人身攻击，这也是他一生中唯一的一次。

1842 年秋，林肯在《斯普林菲尔德日报》上发表了一篇匿名文章，讽刺一名自命清高的爱尔兰政客詹姆斯·谢尔兹。这篇文章道出了全镇民众的心声，却惹怒了敏感而自傲的谢尔兹。当他查清文章出自林肯之手后，便立即找到林肯，要求用决斗的方式来维护自己的尊严。

林肯向来不喜欢动武，但在面子与荣誉的驱动下，他接受了挑战。他借助手臂长的优势，选择了骑兵用的长剑作为武器，并向一位西点军校的毕业生请教剑术。到了决斗的那一天，他和谢尔兹来到密西西比河的河滩上，准备拼个你死我活。所幸在决斗即将开始的最后一刻，他们双方的朋友劝阻了这场决斗。

这桩惊心动魄、生死攸关的事件对林肯来说，是极其恐怖与危险的。但是，正是这件事使林肯懂得了为人处世的艺术。从此以后，他再也没有写过讽刺和侮辱他人的文章，也不再讥笑别人了。从那时起，他不再为任何事而批评别人。

美国南北战争期间，林肯经常吃败仗，为了转败为胜，他经常更换将领，全国数以万计的人公开指责他用人不当，但他没有垂头丧气、怨天尤人，而是以宽容的心态保持沉默。他一生中最喜欢的座右铭是："不要轻易评议他人，否则就会遭受他人的评议。"

每当林肯的夫人和一些国人刻薄地谴责南方人时，林肯总是这样规劝道："请不要这样批评他们，假如我们在相同的情形下，也会如此。"

1863年7月1日，葛底斯堡战役打响了历史性的一枪，直到7月4日晚，南方联邦军在罗伯特·李将军的率领下，开始向南边撤退。当李将军带着溃败的军队撤退到波多马克河边时，眼前的一幕让他陷入了绝望之中：波多马克河因泛滥成灾的暴雨而河水猛涨，使他们无法渡河。此时后有乘胜追击的北方联军，前有滔滔河水，李将军处在进退两难的境地。

林肯知道这是消灭南方联军，俘虏李将军，结束这场战争的最佳时机。他满怀信心地给米特将军下令，要求他不必召开军事会议，当机立断对罗伯特·李将军率领的残部发起进攻，越快越好。为稳妥起见，林肯先用电报下达进攻命令，随后又派出特使让米特马上采取行动。

面对这个绝佳的机遇，北方联军司令米特将军又是如何处理的呢？他所采取的行动与林肯的命令恰恰相反。他违背林肯的命令，召开了一个紧急军事会议。为了达到拒绝攻打李将军的目的，他犹豫不决，并找出各种理由致电林肯，故意拖延进攻时间。最终河水退去，李将军和他的军队顺利渡过波多马克河逃走了。

林肯得知这个消息后，愤怒至极。他对自己的儿子罗伯特大声咆哮："这是上天在跟我开玩笑吗？米特他到底想干些什么？罗伯特·李将军已是瓮中之鳖，只要进攻，他就插翅难逃！在这种极其有利的情况下，任何一个将领带领一支军队都可以把罗伯特·李将军擒获，即便像我这样不懂带兵打仗的人，也可以把他们拿下。"

在万分失望之际，言辞一向谨小慎微的林肯写了一封信给米特将军。林肯这封写于1863年的信的措辞该是最严厉的了，表达了他强烈的愤怒与不满。这封信的内容如下：

亲爱的将军：

我相信你能领会到，罗伯特·李将军南逃将来会给我们带来什么样的严重后果。他已是我们的囊中之物，如果将他捕获，加上我们最近在其他战场的胜利，战争将会立即结束。但由于你贻误战机的原因，照现在的事态发展，战事将会无限期地延续下去。上周一你没能顺利地击败罗伯特·李将军，现在又如何能再次向他进攻呢？我现在对你在今后的战事取得良好的战绩已不抱有任何期望。机不可失，时不再来，对此我深感痛惜。

据你猜想，北方联军总司令米特阅读这封信后将会有怎样的反应呢？

实际上，米特根本就没有看到这封信，因为林肯并没有把这封信寄出去。这封信是在林肯去世后，工作人员整理他的文件时发现的。

林肯为什么没有把这封信寄给米特将军，我猜想可能是，林肯写好信的那一瞬间，从桌案前抬头凝望窗外，并自言自语道："等等，也许我不应该这样急迫地把信寄出，我每天坐在安静而没有硝烟的总统大厦里，向米特下达命令是很容易的事。可是，如果我像米特一样身处葛底斯堡前线，看到米特将军上周所看到的那些血流成河的惨烈情形，耳边则是将士们的呻吟声和呼救声，也许我就不会急于求成地去攻打罗伯特·李的部队了。如果我也有像米特那样谨慎的个性，或许我也会做出和他完全一样的决定。

"现在木已成舟，一切都无法挽回了，如果我发出这封信，固然能发泄我内心的不快，可是米特也会找出各种理由替他自己辩护，而且可能会引起他对我的厌恶与不满，从而有损我们将帅之间的和谐，影响到他在军队里的威名，甚至使他干脆提出辞职，而这是大家都不愿意看到的。"

我完全有理由相信，林肯肯定想到了这一切，在权衡利弊得失后把信放在了一边，没有寄出。因为他从以往痛苦的经验中体会到：尖锐的批评和斥责是一种愚蠢的表现，永远也不会得到自己想要的效果。

罗斯福总统曾说，他在担任总统期间，每当遇到难以解决的问题时，他就会背靠座椅，仰望着挂在墙壁上的那幅巨大的林肯画像，不停地问自己："如果林肯也处在我的困境中，他的解决方案又是怎样的呢？"

从现在开始，在你受到委屈与不公，想批评与斥责他人的时候，从口袋拿出一张5美元的钞票，看看钞票上林肯的画像，这样问自己："如果林肯遇到这种问题，他将会如何处理呢？"

马克·吐温是个很爱发脾气的人。有一次，他给一个惹他生气的人写了一封信，信中写道："死亡入葬书应该是你想要得到的东西，只要你开口，我一定会帮你弄到。"还有一次，他写信给一位编辑，说有一位校对人员想要"改正我的拼写和标点"，他以命令的口气写道："以后遇到这种情况，必须按我的底稿做，而且让那位校对员把他的建议留在他那已经腐烂的脑子里。"

这些令人痛苦的信件让马克·吐温感到很痛快，他发泄了自己的怒气，但是又不会造成任何实质性的伤害，因为他的夫人在寄信的时候悄悄把信拿走了，信根本就没有寄出去。

如果你想改变自己周围的人，帮助他们调整在生活与工作中的态度，使他们的人生有所改变，那是件再好不过的事情。可是，在你做这些之前，首先要从改变自己做起。一旦改变了自己，你将看到不一样的世界，收获别样的人生。

"当一个人的争论、激辩起于自己时，"鲍宁这样说，"他在心理方面可能存在问题了。"

我在年轻的时候，很想让人知道我是一个专栏作者。当时我正准备给一家杂志社写一篇关于写作的文章，于是，我写信给美国文坛极富盛名的作家戴维斯，向他请教写作技巧。

在此之前几个星期，我曾收到一封信，信上附注了这样一句话："信系口述，未经重读。"这句话引起了我的注意，认为写这封信的人一定是位事务繁忙的大人物，而我却一点也不忙。我急于引起大作家戴维斯的注意，于是在短信的末尾也加了这样一句："信系口述，未经重读。"

但是戴维斯根本不屑于给我回信，只是将我的信件退了回来，并在信的右下角潦草地写了这样一句话："你向他人请教的态度，真的令人难以接受。"

是的，这件事完全是我做错了，我理应得到这样的斥责。可是，人性使然，这让我深深地痛恨戴维斯，对他怀着极度的愤恨。直到10年后的某一天得知戴维斯去世的消息时，我心里仍深深地恨着他。这件事本来就是我的错，但我却不愿意承认。

如果因为某件事激起一个人对你的愤恨，使他痛恨你10年甚至直到你死去，而你认为这件事很有趣的话，那么你可以不顾一切、随时随地对人提出最戳心、最伤人的斥责与批评。

当我们与他人相处时，应该铭记这个事实，我们不是在与理性的动物相处，而是在与充满感情，带有偏见、傲慢与虚荣的人相处。

对他人的批评与指责是一种危险的导火索，这是一种能使自尊的火药库爆炸的导火索，这种爆炸有时会置人于死地。现实中这样的案例有很多：福特将军由于受到人们猛烈的批评，以致不能带兵去法国前线作战，这事对他的自尊心是个严重的打击，几乎要了他的性命。

苛刻的批评与无端的指责，曾使英国文坛上最优秀的小说家哈代，再也没有勇气提笔创作小说。

美国著名的外交家本杰明·富兰克林，年轻的时候并不聪明，成年后却因极富处世待人的手腕，被任命为美国驻法大使。他在谈论自己的成功秘诀时说："我从不说任何一个人不好！而只说我所认识的每个人的优点！"

任何人都有批评、指责和埋怨的天性。但是，只有最愚蠢的人才会在情绪失控的情形下那样做，以发泄内心的不满。

要想得到他人的宽恕和理解，我们需要在人格、克己上下功夫。

卡莱尔曾经这样说过：“伟人之所以伟大，体现在他如何对待卑微者上。”

鲍勃·胡佛是一个飞行员，经常在空中表演特技。下面是《飞行作业》杂志中的一段描述：

“鲍勃从圣地亚哥表演完后，驾机飞回洛杉矶，结果两个引擎在300英尺的高空同时发生故障，幸亏他技术过硬，利用灵敏的操作控制，终于使飞机得以降落。降落后的飞机已经面目全非，所幸无人伤亡。鲍勃一下飞机，第一件事就是检查飞机用油。正如他所预料的那样，这架曾经参加过第二次世界大战的螺旋桨飞机使用的居然是喷气机燃油。

“随后，鲍勃在机场见到了负责保养的年轻机械工，他正为自己犯下的错误痛苦不堪，泪流满面。他的粗心大意，不仅毁坏了一架昂贵的飞机，还差点造成人员伤亡。人们都以为荣誉心极强、做事认真的飞行员鲍勃一定会怒发冲冠，痛骂这位年轻的机械工。出人意料的是，鲍勃并没有那样做，他伸出双臂抱住这位年轻的机械工，说：‘为了让你不再第二次犯错，我要你明天替我保养F-51飞机。’”

生活中，父母也经常指责孩子。我并不是说我们“不要指责孩子”，正好相反，我要说的是我们应该在责备孩子之前认真地阅读《父亲备忘录》。

听着，孩子，我一直想要跟你说一些话。当我怀着愧疚的心情偷偷溜进你的房间，看着熟睡中的你，手掌放在脸颊下，卷曲的金发贴在微湿的额头上，这使我不禁想起很多往事。我总是喜欢对你发脾气，当你早上上学前只是用毛巾胡乱地抹一下脸时，我责备你；当你没有擦干净鞋子时，我指责你；当你吃饭的时候乱丢食物时，我更加严厉地怒斥你。

早餐的时候，因为你打翻东西，不乖乖坐下来吃饭，我指责你；我们同时出门的时候，你会笑容满面地对我说："爸爸，再见!"而我只会呵斥让你挺直肩膀。傍晚时分，当你和小朋友们一起在地上玩玻璃球、脸上流露出开心的神情时，我甚至没有顾及你的颜面就不由分说地拉你回家。你弄破了自己的长袜子，我会呵斥你："爱惜点，袜子很贵的!"

记得就在刚才，我在看报纸，你羞怯地走过来，站在门口，一脸畏惧地看着我，我严厉地说："你想要什么?"你一言不发，只是快步走上前来，抱着我的脖子亲吻一下，便转身上楼去了，带着甜甜的爱意和无限的满足。

孩子，就在那时，我手中的报纸突然滑落，伴随着我内心的无限害怕。为什么我会变成这样?难道指责或呵斥就是我对男孩的教育方式?孩子，我并非不爱你，只是希望你能成才，希望你能有所作为，只是理所当然地以自己的方式去要求你，丝毫没有顾及你的感受。从你道晚安的方式可以看出，你有一颗真善美的心灵，不顾一切跑过来亲吻我，你是如此的天真无邪。孩子，在黑夜的诅咒下，我跪在你的床边，深感愧疚。

也许你并不明白我现在所做的一切，不过没有关系，从明天起，我会认真做一位称职的父亲，做你最好的知心朋友，分享你的快乐，分担你的悲伤，在你需要的时候陪伴在你的身边。我会每天不时地提醒自己：“你不过是一个小男孩，一个天真无邪的小男孩而已。”

确实，我不该像要求一个成人那样，要求你一定要做得规范，一定要表现得最优秀。面对眼前的你，我突然意识到，你现在仍然是一个婴儿的模样，是在妈妈怀里撒娇的年龄，天真无邪地做着自己喜欢的事情，你的心灵没有任何杂质，是那么的纯洁、那么的可爱。孩子，我对你的要求实在是太多了，已经超出了你所能承受的范围。尽管你没有过多的抱怨，但是从你那嘟起的小嘴，已经可以看出这一点。

所以，我们为什么不多一分了解，少一分责备；多一分宽容，少一分埋怨？让我们设身处地地为他人想想，如果我们站在对方的立场上，又会怎么做呢？相对于过分的指责，我们应该仁慈、善良与忍耐，那样我们的收获将比失去的多上好几倍，从而享受到人世间的繁华。正如约翰博士所说：“在世界末日来临的时刻，上帝也不打算评议人类。我们又为何要过度地批评、指责或埋怨他人呢？”

从此刻起，让我们牢记待人处事的第一个原则：

少一分指责，多一分理解。

献出诚恳的赞赏，给人以自尊

如果想让一个人心甘情愿地去做任何事情，天底下只有一个方法可以办到。记住，只有一个方法，绝对没有第二个。

当然，你可以用一支左轮手枪对准一个人的头颅，恐吓他把手表交给你；你可以用解雇的方法逼迫员工与你合作；你也可以用殴打或威胁的方式，让一个孩子听从你的安排。可是，这些粗暴的方式方法，只会带来不堪设想的后果。

我能叫你去做任何事的唯一方法就是，给你所需要的一切。你所需要的又是什么呢?

弗洛伊德是20世纪最有声誉的心理学家，他曾经说过："凡你我所做的事，都起源于两种动机，那就是性的冲动和渴望功成名就。"但美国著名的哲学家约翰·杜威却有另一种不同的见解：人类天性中最深层的冲动，是"成为伟人的欲望"。记住，是"成为伟人的欲望"。这很重要，你将在本书中看到许多关于这方面的话题。

一个人究竟需要什么呢？其实并不多。但不可否认，有少数东西的确是你所需要并且渴望的。大多数人想要的东西包括：

1. 健康的身体；

2. 食物；

3. 睡眠；

4. 金钱及金钱所能买到的物品；

5. 长寿；

6. 性生活的满足；

7. 子女的幸福；

8. 得到别人肯定。

以上这些欲望几乎全都能满足，但有一种深层的欲望，如同食物和睡眠一样重要却难以满足，那就是弗洛伊德所说的“渴望功成名就”，也是杜威所说的“成为伟人的欲望”。这种欲望流淌在人们的血液里，成为人们一生为之奋斗的目标。

林肯有一次在信件的开头写道：“每个人都希望得到别人的恭维。”威廉·詹姆斯也曾经说过：“人类天性中至深的本质，就是渴求得到别人的肯定。”他并没有使用“希望”或“欲望”或“渴望”这样的字眼，而是用“渴求”来诠释它的重要性。

这种渴求令人心力交瘁，它侵蚀着人类的心灵，如果我们能以正能量的方法去满足人类的这种内心饥饿，就可以很好地把他人掌握在自己手中。

寻求“自尊感”是人类与动物之间的一个重要差别。有这样一个例子：

小时候我住在密苏里州的农村，当时我父亲饲养了一种品种优良的猪和一种白脸牛。我们常常带着它们参加美国中部的牲口展览会，并多次获得特等奖。

父亲把每次获得的奖章用针别在一条白布上，每当亲友来家里做客，他都会拿出这条别有奖章的白布条让亲友们观赏。因为这些奖章让父亲达成了“成为伟人的欲望”。

如果我们的祖先没有“成为伟人的欲望”，就不会有我们今天的文明，那样一来，人类与动物就没有什么区别了。

正是这种“成为伟人的欲望”，激起了一个没有受过良好教育，在一家杂货店工作的贫困店员的欲望。他翻遍整个堆满杂货的大木箱仅找出 50 美分，买来了几本法律书籍，开始潜心研读，并立志要成为一名体面的律师。这个杂货店的店员，他的名字叫林肯。

正是这种“成为伟人的欲望”，激发狄更斯写出了不朽的名著。也正是这种欲望，使华伦完成了他在石头上创作诗篇的设计。也正是这种欲望，使洛克菲勒积累了他一辈子都花不完的财富。也正是这种欲望，使你所在城镇里的有钱人盖起了一座座高大豪华的别墅。也正是这种欲望，使你穿上了有品位的服装，驾驶高档的轿车，与别人谈论自己聪明伶俐的孩子。也正是这种欲望，使许多青少年走上了犯罪的道路。纽约前警察局长马罗尼说：“如今很多年轻人爱慕虚荣，易走极端，总想让自己的名字、照片像体育明星、影视明星和政治家那样风光地出现在报纸上，这是他们被捕入狱前最大的愿望。然而他们从来没有考虑过，进入牢狱生活完全又是另外一件事了。”

只要你告诉我，你是如何满足自己“成为伟人的欲望”的，我就可以知道你是什么样的人。这样你就可以明确自己的性格，这是一件极其重要的事情，历史上有过不少类似的案例。

洛克菲勒捐款在国外创办最新式的医院，救助了许多与他从未谋面的穷苦人，他则借此满足了“成为伟人的欲望”；反过来说，抢银行、杀人、做土匪的狄林克也是为了满足“成为伟人的欲望”。当警方追捕他的时候，他闯进一家农舍，大声地说：“我是狄林克，我不会伤害你们，请放心！”此时他还在以自己是社会头号公敌而引以为傲。

是的，狄林克和洛克菲勒最大的区别，就在于他们满足自己“成为伟人的欲望”方式方法不同。

在历史上，一些名人为了满足自己“成为伟人的欲望”而发生了许多滑稽有趣的事情。

乔治·华盛顿非常愿意别人称他是美国至高无上的总统；“海军大臣”“印度总督”等头衔是哥伦布向女王请求敕封的；俄罗斯女皇凯瑟琳拒绝拆阅没有称她为“女皇陛下”的信件；林肯夫人在白宫像只老虎似的向格兰特夫人呵斥道：“在我没有请你坐下之前，你怎敢无礼地在我面前坐下！”

1928年，近百位富翁资助白特尔将军去南极探险的一个附加条件是：用他们的名字为南极的冰川命名。就连法国著名作家雨果也曾希望把巴黎改成他的名字。英国著名作家莎士比亚曾请求王室敕封他一枚象征自己家族荣誉的徽章。

人们会为了赢得同情和关注以及展现自己的重要性而故意装

病。比如美国第25任总统麦金莱的夫人曾强迫丈夫放下国家的重要事务，依偎在她的床边，搂抱着她，抚慰她睡去，每次需要数小时的时间。麦金莱夫人借此得到她的“自尊感”。麦金莱夫人在看口腔医生时，总要求麦金莱总统陪在她身边，借此满足她希望得到关注的强烈欲望。有一次，麦金莱总统因要务在身没空陪她，结果她还为此大发雷霆。

作家琳哈特夫人有一次告诉我，她的朋友中有一位年轻能干的少妇，这位少妇为了得到“自尊感”，假装成病人。琳哈特夫人说：“有一天，这个妇人不得不接受一个残酷的事实，她的丈夫在一次车祸中失去了生命。她想起以后孤独的日子，觉得未来没有任何希望。

“她在床上躺了10年时间。她年迈的母亲每天上下三楼，捧着碟盘去侍候她。有一天，这位年迈的母亲由于过度疲劳，终于倒地去世。床上的这个病人，在沮丧了几个星期后，不得不穿衣起床，开始了自己的新生活。”

有些专家指出，一般人满足自己“成为伟人的欲望”，往往是在精神失常的时刻，在冷酷的现实世界中很难实现。据统计，在美国的医院中，精神疾病患者数量要比患其他疾病的人的总和还要多。如果你年纪在15岁以上，又住在纽约州，那么你有5%的概率在精神病医院里待上7年以上。

精神错乱的原因是什么？没人能准确地回答精神失常的根源所在，但是，我知道有一些疾病，如梅毒，会摧残人体的脑细胞，从而导致精神失常。实际上，约有半数以上的精神失常都源于生理因素，如脑损伤、酗酒、吸毒，以及其他原因所造成的生理伤害。

但是，更令人惊奇的是，另外一半精神失常者，他们的脑细胞完全处于正常状态。对这些人死后进行尸检，即使用最高倍显微镜检查他们的脑部神经，也很难发现有什么问题，他们的脑细胞和正常人一样健康。

那么，这些人为什么会精神错乱？

我曾向一位精神病医院的主治医师请教过这方面的问题。这位医师不仅知识渊博，而且在精神治疗方面极具权威。令我诧异的是，这位主治医生说，他也不知道这些人为何精神错乱。不过，他接着又向我解释道："许多精神错乱的人，是他们在现实生活中得不到人们的重视，为了找到'自尊感'，他们往往沉浸在自己编造的虚幻世界里。"这位医师告诉我一个真实的故事：

我现在的这个病人，她的婚姻简直就是一场悲剧。她渴望得到爱情、孩子和社会地位，但残酷的现实生活没有赋予她任何希望。她的丈夫不爱她，甚至拒绝跟她一起用餐，还强迫她把食物端送到楼上让他享用。她没有孩子，没有幸福的家庭，更没有社会地位，终于导致她患上了精神疾病，沉浸在自己编造的虚幻世界里。她幻想自己与丈夫离了婚，恢复了少女时期的姓名，嫁给了一个深爱自己的皇家贵族，并且坚持要求别人称她为史密斯夫人。至于她对孩子的渴望，每次我去给她治疗时，她都会说："大夫，我昨天晚上生了一个很漂亮的小孩。"

现实生活没有给她带来幸福，在她自己编造的虚幻世界里，她得到了满足，得到了尊重。这是不是一出人间悲剧？我无法回答。那位医师还对我说："即使我能帮助她从疾病中清醒过来，我也不愿意那样做，因为她现在比以前更加快乐。"

在虚幻的世界里，精神错乱的人似乎比正常人生活得快乐。他们可以轻而易举地签出一张百万美元的支票给我们，或者给我们一封介绍信去见某位名人。在他们所创造的梦境中，他们很容易找到自己所期望的"自尊感"。

如果有人对获得"自尊感"如此迫切，甚至因此而变得精神失常，试想，在他们精神正常的时候，就给予他们真诚的赞赏与肯定，使他们获得足够的"自尊感"，那又将产生一个什么样的结局呢？

据我所知，在美国年薪超过百万美元的人并不多，查理·施瓦伯就是其中一个。在20世纪初，年仅38岁的施瓦伯被慧眼独具的安德鲁·卡内基提名为美国钢铁公司的第一任总裁。安德鲁·卡内基为什么要付施瓦伯百万美元年薪，或是3000多美元一天的薪水呢？是因为施瓦伯是个天才？不是的。那是因为他在钢铁制造方面有专长？也不是的。恰恰相反，施瓦伯亲口告诉我，他的下属中有许多人在钢铁制造方面的专业知识懂得比他多。

施瓦伯之所以能够获得如此高的薪金，主要是因为他拥有特殊的社交能力。我问他是怎么做的，他说了我这样一段话，这段话应该刻在铜碑上，并悬挂在全国每个家庭、学校、商店、办公室里进行永久保留。如果我们在现实生活中遵循这些话行事，我们的人生将会发生翻天覆地的变化，生活将会更加丰富多彩。

施瓦伯说："我认为我所拥有的最大的资源，就是能激发人们的热情和潜力。要想充分发挥一个人的才能，唯一的方法是：献上你最真实、诚恳的赞美。

“在这个世界上，最容易摧毁一个人理想和抱负的莫过于长辈或上司的批评和指责。我从不喜欢批评任何人，我相信促使他人出色工作的唯一方法就是赞美，在工作中我总是急于称赞而迟于纠错，如果有人问我喜欢什么的话，那就是真实、诚恳地赞赏别人。”

这就是施瓦伯的成功秘诀，也是他跟一般人的不同之处。一般人如果不喜欢一件事，就会严厉指责，大声呵斥；如果真的喜欢它，最多也就微微一笑。

施瓦伯还说：“我接触过世界各地不同层次的人，我还没有找到一个人是在充满批评和指责的环境中成就大事业的，无论他如何伟大，地位如何崇高，他们的本质都与平常人一样，唯有在受到肯定与赞赏的情形下，才能更加努力地工作，发挥自己的潜能。”

其实，这也是安德鲁·卡内基获得惊人成就的重要原因之一。安德鲁·卡内基不仅公开赞赏别人，在私下也是如此。他甚至在自己的墓碑上还称赞他人。下面这句话是他为自己写的碑文：“埋葬在这里的，是一个知道如何与比他自己更聪明的人好好相处的人。”

约翰·洛克菲勒在人际交往中的成功秘诀便是给予对方真诚的赞美。

洛克菲勒与爱德华·贝德福在南美的一次生意合作中，由于贝德福的失误，这桩买卖使公司亏损了100万美元。根据当时的情形，每个人都认为洛克菲勒会指责贝德福，但洛克菲勒并没有那样做，他认为贝德福已经尽了最大的努力，再多的责备也无法挽回公司所遭受的损失。他努力看到这件事情好的一面，祝贺贝德福在这宗生意中保全了他60%的投资本金。洛克菲勒说："任何事情都不可能做到百分百让自己满意。"

在我的剪报中有一则小故事，虽然可信度不高，但它却跟真的一样，在此与大家分享一下。

在辛苦劳作一天之后，一个农妇为干活的几个男人准备了一大堆干草当晚餐。男人们愤怒地质问她是不是疯了。农妇镇静地答道："嘿，我以为你们不会在意呢！20年来，我始终如一地给你们做饭，但你们从来没有对此说过一句话，也从来没有告诉过我你们不吃干草啊！"

一项针对离家出走的妇女进行的研究表明，这些妇女离家的主要原因是"无人领情"。相信离家出走的男人也不外如此。尽管我们常常在内心默默地感谢配偶为自己所做的一切，却从来没有明确向对方说出自己的感激之情。

有位女性参加了一个自我训练与提高的课程，回家后，她要求丈夫列出能让妻子变得更加理想的6个事项。她的丈夫说道：

"她这一要求让我十分吃惊。老实说，列出6个事项实在是太容易了——天啊！她可是能列出上千个希望我能变得更好的事项来——但我最后并没有这么做，我只是对她说：'我得好好想

一想，明天早上再告诉你。'

"第二天，我比以前都起得早，然后打电话给花店，让他们给我妻子送上6枝红玫瑰，并附上一张纸条，上面写着：'我实在想不出来有哪6个事项要你改变，我就喜欢你现在的样子。'

"傍晚回家的时候，想想看，是谁在门口等着我呢？对了，我妻子！她热泪盈眶地等着我回来。还有什么可说的呢，我很庆幸没有遵照她的要求趁机批评她一番。

"下个星期她去教堂的时候，她把这件事告诉了其他人，和她一起上课的几位女士走过来对我说：'毫无疑问，这是我听到过的最善解人意的事。'这件事也使我体会到了赞赏的力量。"

齐格飞，这位闪耀于百老汇，有着惊人成就的歌舞剧家，可以把美国一些平凡的女子通过包装变成风情万种的舞台明星。他知道赞美别人的重要作用，常常用一些赞美之词使那些女孩变得更加自信。齐格飞也很实际，将歌舞女郎的薪金，从每周30美元增加到175美元。他也很重义气，在福利斯歌舞剧开幕之夜，他发出贺电给剧中的每位明星，并且赠予每位参与表演的歌舞女郎一束美丽的玫瑰花。

有段时间非常"流行"绝食，我为了追求时尚，有6个昼夜没有吃任何东西。这并不是什么难事，但到了第6天的时候，我似乎还没有第二天的饥饿感强烈。可我们都知道，如果有人连续6天禁止他的家人或是员工吃饭，这就是在犯罪。但是我们对自己的家人及员工6天或6个星期甚至60年没有给予真诚的赞美，却似乎一点也不奇怪，即使他们对赞美的渴望与对食物的渴望一样强烈。

当年，阿尔弗雷德在《维也纳的团聚》一剧中担任主角的时候，曾经这样说过：“自尊感是助我成功的土壤，是我生命中最不可或缺的东西。”

我们都会尽力满足家人、朋友甚至员工的物质需求，但我们给予他们自尊所需要的营养却又何其稀少。我们给他们提供烤牛排、土豆等食物，以增强他们的体力，却忽略了给他们赞赏和一些温和的言语，这些赞美的语言能给予他们“自尊感”，像一股暖流温暖他们的心田。

看到以上这些话，有些读者可能会质疑：“这已经是老一套了，恭维、阿谀还有拍马屁我都尝试过了，不仅一点用也没有，反而会受到一些知识分子的嘲笑，说我们俗不可耐。”

当然，对于有自知之明的人来说，那些言不由衷的阿谀奉承不会有任何作用。那些肤浅、自私、虚伪的拍马屁理所当然要遭到失败，而且还会屡屡受挫。但是，发自内心的真诚的赞赏，却是每个人都需要的。有这样一个例子：

狄文尼兄弟屡次离婚后，为什么能在很短的时间内成功找到伴侣呢？被称谓“花花公子”的狄文尼兄弟，为什么能与两位美丽的电影明星结婚？一位是著名的歌剧美女主角，一位是拥有数百万家产且有“白富美”之称的女子，究竟是为什么？他们是怎么做的？

圣约翰在《自由》杂志中曾这样解释道：“狄文尼对女人的魅力，许多年来都是人们心里的一个谜……”

“尼格雷是一位混迹娱乐圈多年的电影明星，阅人无数，尤其是男人。有一次，她对我解释说，狄文尼兄弟了解恭维、谄媚的艺术，比她见过的所有人都运用得娴熟老道，称得上滴水不漏。在这个现实的世界里，真诚的赞美几乎已被人们忘却，狄文尼对女人的魅力或许正源于此。”

赞赏和谄媚很容易区分，赞赏是出于真诚，发自内心，是无私的；而谄媚则是虚伪的，出于表面，自私且带有很强的目的性；一种是为人们所钦佩的，一种是令人不齿的。

最近我去墨西哥城的吉伯尔铁匹克宫，看到了奥伯利根将军的半身像。半身像的下面刻着奥伯利根将军的名言：“别害怕攻击你的敌人，而要小心谄媚你的朋友。”

英王乔治五世有一个共计6句的格言，悬挂在白金汉宫书房的墙上。其中有一句是这样说的：“不要奉承或接受虚伪的赞美。”“虚伪的赞美”也就是“谄媚”，言不衷意的“讨好”。我曾经看到过一句对谄媚做出最好诠释的话：“谄媚只会让人更加明白他是多么的虚伪与无耻。”

拉尔夫·沃尔多·爱默生说：“无论你用任何言语，所表达的一切，总是离不开自己的种种目的。”如果我们靠恭维、谄媚就能够达到目的，那么每个人都会争着去学习恭维之术，而且所有的人都可以成为“人类关系学”的专家。

当我们没有思考某个确定的问题时，95%的时间是在思考个人的事情。现在，如果我们暂且不想自己，而拿出5%的时间去想想别人身上的长处，那么我们说出的话就不会虚情假意、口是心非，可以避免很多违心的谄媚。

我们在日常生活中最容易忽略的美德之一，就是赞美。当孩子放学带回来好成绩，我们忘了赞扬他们；当孩子第一次烤好一块蛋糕或做好一个鸟笼，我们也忘了鼓励他们。最能让孩子感到高兴的，无疑是父母的关注和赞扬。

下一次，当你在餐馆吃饭时看到盘中漂亮的装饰时，不要忘记告诉厨师他做得很棒；当疲惫的售货员耐心地给你拿东西时，也不要忘了称赞。

所有的牧师、演讲者和公共发言人都能够了解，当一个人热情洋溢地发表讲话却得不到哪怕一句赞美时，内心将是多么的沮丧。对于办公室、店铺和工厂的员工，甚至我们的家人和朋友，也是如此，他们也会有同样的感受，甚至更加难受。记住，所有人都是渴望赞美的。赞美是所有人都喜欢的一种合情合理的美德。

所以，无论何时何地，我们都要努力营造一种赞美的温馨氛围。你将惊讶地发现，这一点小火花可以燃起友谊的熊熊火焰，当你下次造访时就会看见它留下的印迹。

帕米拉·杜哈姆住在康涅狄格州新费尔菲尔德市，她每天的工作内容包括监督一位可怜的守门员。别的员工总是嘲笑这位守门员，并在过道里乱扔东西，以便让他知道他的工作是多么卑微。这对他来说实在是太残忍了，他的大好年华几乎都被耗费在了商场里。

帕米拉想方设法去激励这个守门员，但都毫无效果。后来，她发现他有时也会有出色的表现，于是马上当众表扬了他。从此，他在工作中表现越来越好，很快便工作得很有效率了。现在，他在工作中表现十分优秀，得到了大家的赞美和认可。

由此可见，真诚的赞美比批评和嘲笑更容易让我们达到目的。

伤害一个人不仅不能改变他，更无法鼓舞他。我把一则古老的格言剪下来贴在镜子上，以便每天都能看到它。这则格言如下：

因我们的生命只有一次，所以，一切能够奉献出来的美德和善行，要马上就去付诸实践，一刻也不要拖延，因为我们的生命只有一次。

爱默生说："凡我所遇到的人，都有胜过我的地方，我应当学习他那好的地方。"

爱默生的见解是非常正确且值得我们重视的。停止思考我们自己的成就和需要，去研究别人的优点，把对人的恭维、谄媚忘掉，给予别人由衷、诚恳的赞赏。人们对你所说的将会倍加重视和珍惜，终生铭记在心。即使你早已淡忘了这件事，他仍牢牢记着你所说的话。

从此刻起，让我们记住待人处事的第二个原则：

献出你真实、诚恳的赞赏。

满足他人的核心需求

每年夏天，我都喜欢到缅因州去钓鱼。我最喜欢的食物是鲜奶油草莓，基于许多特殊的原因，我意识到虫子才是鱼的所爱。因此，钓鱼的时候，我心里想的是鱼最爱吃什么，而不是我喜欢吃什么。我把虫子和蚱蜢作为鱼的诱饵，而不是鲜奶油草莓。于是，我便可以对水里的鱼儿说："你们要不要吃啊?"

是啊，当我们想要别人为己所用时，为什么不采用这样的方法呢?

第一次世界大战期间，英国前首相劳合·乔治便采用了这种方法。有人采访他，问及当威尔逊、奥兰多和克里孟梭这样的战时领袖都逐渐为人们所遗忘时，他是怎么做到一直身居高位的。乔治回答道："如果非要找出原因，那就是，钓什么样的鱼就放什么适合它的鱼饵。"

只谈论自己的需求，是多么华而不实、荒唐可笑的事情。毫无疑问，人们只关心自己的需求，而别人也不会对其感兴趣，毕竟所有人都只关心自己的需求。

所以，要想影响别人，方法之一就是请对方提出需求，并且告知对方满足需求的途径是什么。

假如你想让别人为己所用，务必记住这一点。正如生活中最浅显的例子，如果你不希望自己的孩子因为吸烟而危害身体健康，千万不要一味地去教训他，只需告诉他，因为吸烟，他可能会无法参加棒球队，也不可能在百米赛跑中取得好成绩。

这个方法是极其有效的，请牢记在心，不论你面对的是小孩，还是一头牛或一只猿猴。

有一天，爱默生和他的儿子想要把一头小牛关进牛棚。他们一心想要达到自己的目的，而没有顾及小牛的需求，于是就一股脑地推拉小牛。不料那头小牛也和他们一样，只想着自己的需求，为了守住那片草地，拒绝前进一步。这时，一个从未上过学的爱尔兰女佣看到了这一情景，她深知牛马牲口的习性，也了解小牛的需求，于是，她一边让小牛吮吸她的拇指，一边温和轻柔地将它引进牛棚。

当我们降生到人世的那一瞬间，每一个动作都表示着自己的需求，即使我们捐钱捐物给红十字会这件事也不例外。我们之所以捐献，是因为想要完成一件神圣的事情，以展现自己大公无私的高尚品格。这个念头比我们对于金钱的需要更加强烈，所以我们捐献；反之，我们就不会捐献。又或许，我们捐献只是因为不好意思拒绝他人的要求，但可以肯定的是，我们捐献一定是想要得到什么东西。

哈利·欧佛瑞在极具启示性的《影响人类行为》这本书中写道：“行为是由人性的基本欲望所产生的，对于未来不管是在商场、家庭、学校还是在政治上想要说服别人的人，送给你一个最好的建议：首先是关注他人的核心需求。一个人若能这样做，就可以如鱼得水，永不碰壁。”

贫困的苏格兰少年安德鲁·卡内基，曾经为生活所烦恼，起初他的薪水是每小时2美分，但是，他最终捐献的金钱却高达365亿美元。他只接受过4年的学校教育，但是，他很早就明白，影响他人的唯一方法就是关注其核心需求，为其着想，知道怎样为人处世。

卡内基的两个侄子都在耶鲁大学读书，由于学业繁重，他们经常忘记给家人写信，这让他们的家人很担心。卡内基知道这件事后，拿出100美元作为赌注，说他可以让两个侄子立马回信，于是他写了一封闲话家常的信，最后还提到寄给每人5美元钞票作为礼物。不过，他并没有把钞票放进信封里。

果然，他们很快就回信了，在信中感谢叔父的关心，最后写道：“钱没有收到。”

下面这个故事发生在培训班里的一位学员身上，他是来自俄亥俄州克利夫兰市的史丹·诺瓦克。

一天晚上，史丹下班回到家，发现小儿子迪米在客厅的地板上哭闹不止，不停地打滚。原来，迪米第二天就要去幼儿园了，但他不想去。若是在平时，史丹会将迪米叫进房间，命令他最好还是去幼儿园，他别无选择。但是，史丹这天晚上意识到，这样做并不能让迪米怀着愉快的心情去上幼儿园。

于是，他坐下来思考，假如自己是迪米的话，怎样才会高高兴兴地去上幼儿园呢？他和妻子一起列了一张表，上面写着迪米喜欢做的事情，如手指画画、唱歌、交朋友等。然后，他们开始采取行动。

“我和妻子、我的另一个儿子鲍勃开始在厨房的桌子上用手指画画，并且表现得很开心。没多久，迪米就站在墙角偷看我们，然后请求参加我们的活动。‘不行，你得先到幼儿园去学习用手指画画。’我用简单易懂的话，尽可能热情地向他解释那张表上所列的各种有趣的事情，告诉他他会在幼儿园体会到这些乐趣。第二天早上，我本以为我会第一个起床，下楼后却发现迪米在客厅的沙发上睡了一个晚上。我问：‘你怎么睡在这里？’他说：‘我等着去幼儿园，我可不想迟到。’瞧，我们全家已经激起了迪米内心强烈的愿望，而这是采取讨论或强迫的办法根本无法做到的。”

也许你正打算在明天劝服某人做某件事情，当你开口之前，不妨先问问自己：“我要怎样做才能让他心甘情愿地做这件事情？”

这样做可以使你不至于鲁莽地与别人讨论你的个人愿望，结果却一无所获。

有段时期，我几乎每个季度都会租用纽约某大饭店的大舞厅20个晚上，以进行一系列的演讲。

有一次，在某一季度开始的时候，饭店突然通知我必须支付比以前高3倍的租金。当我得知这个消息时，入场券已经印发，而且通告已经公布了。

对于增加的部分租金，我当然不愿意支付，但是跟饭店谈论我的想法显然无济于事，他们只关心他们的需要。几天后，我去找了饭店经理。

“接到您的信我有点吃惊，”我说，“不过，我一点也不怪您。假如我是您的话，恐怕也会写一封相似的信。作为饭店经理，您有责任为饭店创造利润。假如您没有做到，就会被辞掉，并且应当被辞掉。现在，我们不妨拿一张纸，将您坚持增加租金而给您带来的利弊一一列出来。”

我在一张纸的中间画了一条分割线，在线的这边写上“利”，另一边写上“弊”。

在“利”的那一栏，我写上“舞厅可以空出来”，然后说道：“这样一来，您可以自由出租舞厅，举行聚会，以取得更多的收入，比我用于演讲所付的租金多得多。这个季度，我租用舞厅20个晚上，在这20天中，您肯定损失了很多收入。”

我继续说道：“下面让我们来看看‘弊’这方面，您的收入将因为我的离开而大大减少。不管怎样，我无力支付高昂的租金，演讲不得不换一个地方。不过，相信您也知道，来听演讲的大部分是上流社会的知识分子，他们能够宣传您的饭店，您即使花上5 000美元，恐怕也无法让这么多人来您的饭店。您不觉得这对您来说是很有价值的吗？”

我在纸上将利弊会产生的两种情况写下来，然后把纸递给饭店经理，说：“希望您认真权衡一下利弊，然后再做决定。请把您的最后决定通知我。”

第二天，饭店通知我租金改为只增加50%。实际上，我丝毫没有提及减少租金的要求，我所谈论的都是他的需要以及他要怎样做才能达到他的目的。

若按一般人的做法，我气呼呼地冲进饭店经理的办公室去和他理论，我可能会这样对他说：“我的入场券都已经卖出去了，通知也发布出去了，你在这个时候突然把租金提高300%，这到底是什么意思？高3倍啊，真是无耻！太卑鄙了！我绝对不会为此付账的！”

假如这样做的话，将会发生什么情况呢？很显然，争吵和辩驳都无法避免。结果又会如何呢？即使饭店经理意识到了自己的错误，出于面子考虑，他不会承认自己的错误，也不会重新下调租金。

亨利·福特曾经说过：“能够站在对方的立场，从对方的角度去考虑事情，就如同你为自己所想一样，这便是成功的秘诀。”这对于建立良好的人际关系是一个很好的建议。

在此，我将重复他的话：“能够站在对方的立场，从对方的角度去考虑事情，就如同你为自己所想一样，这便是成功的秘诀。”如此浅显易懂的道理，每个人都明白，但是，90%的人在90%的时间里都忽略了这一点。

这样的例子在我们身边随处可见，比如你每天早上收到的那些信件，从中可以看出，很多人都违背了这种常识性的规律。

下面我将挑选其中的一封信作为例子，这是一位在一家规模庞大、分公司遍布全美的广告公司任职的无线电部门主任，写给全美各家广播电台负责人的信件。括号中的文字是我对信件的一些个人见解。

亲爱的布兰克先生：

本公司希望保持在无线电界广告业务的领袖地位。

（我根本不关心你的公司希望什么，我正担心自己的问题呢！银行打算没收我的房产抵押，害虫正在咬我花园里的花草，昨天的股票大跌。今天早上我没赶上8：15的火车，昨天晚上我被邀请出席琼斯家的舞会，而且我还检查出患有高血压、神经炎、头屑过多等毛病。这之后又发生了什么？今天早上我心情烦闷地来到办公室，拆开信件，结果看到纽约一个一文不名的家伙在大谈特谈有关他的公司的所谓希望。真是一派胡言！假如他知道他的信会造成什么后果的话，他会主动离开广告界，换个行业重新开始。）

本公司在全国的广告客户，是各个无线电台的庇护神。本公司每年的营业额都遥遥领先。

（就算你生意红火、规模宏大、利润可观，那又怎么样？就算你的公司比通用汽车公司、通用电气公司和美国陆军总部合起来还要大，也跟我毫无关系。哪怕你有蜂鸟那么一点一知半解的大脑，你也应该明白，我只关心自己有多大，而不是你有多大。所有关于你的伟大业绩的言论，对我来说都不值一提，毫不重要。）

我们希望将各家无线电台的最新消息提供给我们的客户。

（你希望！你希望！你真是一头蠢驴！你或美国总统有什么希望都不关我事。坦白地说，我只对自己的事情感兴趣，而你在这封荒唐可笑的信中却丝毫没有提及。）

所以，你可以将本公司列为你们告知每周消息的首要对象——凡是广告公司在刊登广告信息时每一个有用的细节都可以告诉我们。

（首要对象！胃口可真不小！你对自己的公司大吹特吹，反衬出我的微不足道——然后，你想要我将你作为“首要对象”，而你连个“请”字也没有说。）

马上回信，把你最近的“活动”告诉我们，这对大家都会有所助益。

（真是个笨蛋！当你将一封如秋风扫落叶般的信随随便便地寄给我，并在全国各地分送时，居然还有脸要求我在房产被抵押、花草遭到害虫、血压过高的情况下，坐下来写回答你的问题的信，而且还是“马上”回答——“马上”是什么意思？难道你不知道我和你一样忙吗，或者我至少会想像和你一样忙？另外，是谁给你这种权力来指使我做这做那的？……你说这件事将对双方都有所助益，但你到最后才想起我的利益，并且对怎样于我有益含糊不清。）

无线电部主任约翰·杜伊

再启：附上《布兰克维尔日报》的副本，你也许会感兴趣，愿在你的电台播放。

（在附言中，你确实提到可以帮助我解决一个问题，但是这又有什么用呢？为什么不一开始就说这个？如果广告商们都犯你这种错误，一定是精神错乱。你并不需要我们最新活动的消息。你所要的不过是一品脱碘，好注射进你的甲状腺。）

想想看，假如这种立志从事广告事业的人自以为是专家，可以左右他人的购买决策，结果却写出这样没水平的信来，那么，对于其他行业的人，我们还能指望他们会写出什么来呢？

下面这封信出自一位大货运公司的总监，是写给我的培训班上一位名叫夫姆雷的学员的。这封信对于收信人会产生什么影响呢？我们先来看看这封信，然后我再告诉你。

爱德华·夫姆雷执事先生：

大部分在我方交运货物的客户都在傍晚才送来货物，由此引起了运输停滞，我方员工不得不延长工作时间，同时也降低了货车的运输效率，严重影响了我方外运收货工作的正常进行，不可避免地造成了交货缓慢。

11月10日下午4点20分，我方接收到了贵公司交运的510件货物。

为了减少之前提及的不良影响，我方希望得到贵公司的理解和合作。日后若有大批货物需要交运到我方，可否尽早送来我方，或者可以上午先送来一部分。

这样做对贵公司的业务也是有益的。你们的货车可以立即返回，不会在我方耽搁时间，同时我方也能够保证在收到贵公司的货物后立刻发货。

总监某某上

夫姆雷先生收到这封信后，在后面写下了他的想法：

这封信真正想要达到的效果，与写信者的本意正好相反。他们一开始说的都是自己的困难，而别人一般不会重视这些。接着，他们丝毫没有考虑到自己提出的要求是否给我们带来麻烦。

直到信的结尾，他们才提到自己的要求所能带给我们的好处。也就是说，我们真正关心的事情在信的结尾才被提到，写信者想要表达的是合作精神，但在信中所体现的却恰恰相反。

下面我们可以试着重写一下这封信，以便真正达到目的。我们无须大谈特谈自己的问题，正如亨利·福特所说，我们要“站在对方的立场上，从对方的角度思考问题，就像我们为自己所想那样”。

以下是重写的信，或许写得不是很成功，但情况是不是能够有所改善呢？

尊敬的夫姆雷先生：

14 年来，贵公司一直都是深受我们欢迎的优质客户，对于贵公司这些年来对我们的关照，我们深表感谢，同时希望能够为贵公司提供更好的服务。但是，现在我不得不怀着抱歉的心情给你们写信，因为 11 月 10 日，贵公司的货车直到傍晚才运来大批货物，使得我们无法将优质的服务提供给你们。

具体原因如下：我们有很多客户也是在傍晚交货，由此引起了运输停滞，使贵公司的货车有时不可避免被堵在了交货处外面，从而耽搁了你们的货运。

毫无疑问，这种状况太糟糕了，怎么才能避免发生类似的事情呢？

在此我们建议贵公司，如果上午有空闲的时间，请在上午运送货物到我们这里。这样一来，贵公司的货车便不至于因堵塞而耽搁时间，而我们也能够马上将你们交运的货物发送出去。与此同时，我们的员工也能够早点回家，吃上贵公司制作的美味面点。

希望这封信不会引起贵公司的介怀，我们并非建议贵公司在业务方面进行改善，而是希望能够将更优质、更有效的服务提供给贵公司。

不管贵公司什么时候送达货物，我们都将竭尽全力，以最快的速度为你们服务。

你们业务繁忙，不必劳神回复！

某某上

那些疲惫不堪、薪金不足的推销员，每天之所以业绩寥寥，主要是因为他们心里想的都是自己的需求，他们不了解顾客想要购买什么东西，即使顾客需要什么，也会自己亲自去选购。人们喜欢主动购买的乐趣，而不是被动去买的辛酸。

遗憾的是，有的推销员穷尽一生也没有学会如何从消费者的角度看问题。

几年前，我住在纽约森林山庄的一个社区内。有一天，我匆忙跑到车站，遇见了一位房地产经纪人，他经营附近一带的房地产生意已经多年，十分熟悉森林山庄。我向他询问我所住的那栋房子是用什么材料建造的，但他却说不知道，然后递给我一张名片，让我打电话给他。第二天，我收到了那位房地产经纪人的信，他在信中仍然没有回答在电话中一分钟就可以回答的关于房子建筑材料的问题，只是表示愿意帮我办理保险业务，让我打电话给他。

他只想着怎么帮助自己，而没有在意怎样才是真正地帮助我。

下面我们来听听来自亚拉巴马州伯罕市的霍华·卢卡斯讲述一家公司的两个推销员是如何处理同一件事情的：

几年前，我和朋友合伙在一家大保险公司的服务处开了一家小公司，这家保险公司的经纪人都是分区管理的，卡尔和约翰负责我们这一区。

一天早上，卡尔来到我们公司，推荐一项特意为公司管理人员设立的人寿保险。他来告诉我们一声，也许是以为我们会感兴趣，并且说等他收集完更多的资料再来详细说明。同一天，喝完下午茶后，约翰在人行道上遇到了我们，热情地叫道："你好，卢卡斯，我有一个好消息要告诉你。"他跑过来很兴奋地对我说。谈到卡尔之前说的那项人寿保险，他给了我一些重要的资料，并且说："这个保险是最新的，我们先在申请单上签字送去，让他们处理，以便明天总公司的人前来详细说明。"他的热情引起了我们的关注。在我们还没了解这项保险之前，我们相信了约翰对这项保险的基本了解，不知不觉地接受了他的观点。结果，约翰卖给我们的保险项目超出预期的两倍。

由上可知，由于卡尔的表现没有引起别人的关注，以至于让约翰抢先一步。

这个世界上自私贪婪的人遍地都是，他们永远不知满足。实际上，那些无私的乐于为他人着想的人反而获得了更多。欧文·杨曾经说过："如果一个人能够设身处地为别人着想，站在他人的立场上考虑问题，他根本无须为自己的将来制订太多计划。"

读完本节，你需要学会一件事：永远站在别人的位置上去思考事情，了解别人的意愿和目的，然后再做出决定。当你真正学到了这一点，你的事业和生活将发生根本性的变化。

很多高学历的人在研究一些深奥的问题时忽视了自己内心的影响。

有一次，一家空调装配公司请我为他们公司拥有大学学历的年轻员工进行培训，于是，我开设了一门名为“有效的演讲术”的课程。为了能够准确地打比方，我准备了一个案例：

有个人想叫几个人一起去打篮球，他说：“我想去打篮球，你们和我一起去吧。前几次人总是不齐，无法分队打对抗，只能玩简单的投球游戏，我的眼睛还因为失误被打肿了。不过我还是想打篮球，希望你们明天晚上能过来。”

他提到别人的需要了吗？你根本不想去那个没有人气的体育馆吧？你可不想把眼睛弄肿，你根本不在乎他想要什么。他告诉你可以通过篮球得到什么东西了吗？当然，是饱满的精神、增加的食欲、清晰的大脑以及休闲娱乐等。

奥佛瑞教授对此明白地解释道：“将对方迫切的需要激发出来，这样一来，所有事情都会顺利许多，不会遇到很大的困难。”

我的培训班里有一个学员，他的孩子吃饭十分挑剔，消瘦不堪，他很担心，于是经常责怪强尼，要求他吃这个吃那个，希望他快点长身体。

但是，强尼会关心这些吗？当然不会。对于一场与已无关的盛大宴会，你根本不会去关心，孩子也是如此。

一个30岁的父亲希望3岁的孩子能够明白自己的意思，这是不符合常识的做法。那个学员最终发现自己的做法毫无道理可言，他开始问自己："孩子最需要的是什么？我该怎么做才能从他的需要和我的需要之间找到契合点?"

一旦他考虑到这一点，事情就变得简单多了。强尼有一辆儿童自行车，他喜欢在屋子前面的便道上玩。他的邻居家里有个很淘气的孩子，比强尼年长几岁。那个孩子经常把强尼从自行车上推下来，然后将自行车霸占过去。

每次发生这种事，强尼都会哭着回家向母亲告状，他的母亲就会出来把淘气的大孩子赶下自行车，把车子归还强尼，如此反复多次。

强尼到底需要什么？这个问题并不难。他愤怒不已，强烈的自尊心使得他想要报复，希望能够将那个淘气的大孩子一拳打倒在地。假如父亲告诉他，多吃点东西就能快点长大，拥有强壮的身体就能够轻易地对付那个淘气的大孩子，这样一来，吃饭就不再是个问题了。现在，强尼不再厌食，无论是蔬菜还是肉类，他都喜欢吃，他希望自己能够快点强壮起来，去打败那个可恶的敌人，为自己报仇。

不过，厌食的问题解决以后，另一个问题又出现了。强尼还有尿床的毛病，这使他的父亲烦恼不已。

晚上强尼和奶奶一起睡，早晨醒来，奶奶发现床单湿了，于是就责问男孩："瞧，强尼，这就是你昨天晚上干的好事!"

强尼每次都回答说："这不是我干的，是你尿了床，我没有尿床。"

家人为此打骂他、羞辱他，反复要求他不要再尿床，但没有任何作用，他仍然继续尿床。

强尼的父母问我：“怎么才能让我们的孩子改掉坏习惯，不再尿床呢？”

我们先来看看强尼想要的都是什么：首先，他不喜欢穿着和奶奶一样的睡袍睡觉，他想要一套父亲那样的睡衣。奶奶因为强尼尿床的毛病每天晚上都睡不踏实，所以她非常乐意给强尼买套睡衣，以便他改掉坏习惯。其次，强尼不想再和奶奶一起睡，想自己睡一张床，奶奶也同意这一点。

强尼的母亲带他去百货公司，用目光暗示女售货员，这个孩子要买点东西。

女售货员问强尼：“小伙子，你想要买什么？”这让他有了受尊重感。

强尼踮起脚尖，以便自己显得高一些。他回答道：“我想买一张自己的床。”

强尼开始挑选自己的床。他的母亲看中了其中的一张。当强尼刚好走到那张床旁边时，他的母亲再次用目光暗示女售货员，于是，女售货员立即向强尼推荐这张床，并详细做了介绍。

当天晚上，床送到了。父亲下班回家的时候，强尼兴奋地奔跑到门口，要求父亲上楼参观他自己买的床。

看着那张床，父亲想起了施瓦伯的那些话，于是点头夸奖强尼，并且问他：“强尼，你不会再尿床，弄脏自己的床了，对不对？”

强尼使劲地摇着头：“当然，我不会再弄脏这张床了。”出于强烈的自尊心，强尼没有违背自己的诺言，果然再也没有尿过床，因为那是他自己买的床，他十分珍惜。他想做个“大人”，现在他做到了，他穿着睡衣的样子，简直就是个小“大人”。

我的培训班上还有一个名叫达屈曼的父亲，他是一位电话工程师，也有着类似的烦恼。他那3岁的女儿拒绝吃早饭，无论父母怎么呵斥、哄骗，都无法让她吃一口早饭。

这个女孩觉得自己已经长大成人，经常模仿自己的母亲。一天早晨，她的父母请她帮忙为全家人准备早餐，这正是女孩真正的心理需要。当她准备早餐的时候，父亲走进厨房，女孩高兴地说：“爸爸，快来看看我做得如何？”

那天的早饭，没有呵斥或者哄骗，女孩自己主动吃了两大碗饭。通过为家人准备早餐，她从中得到了快乐，有了展现自己才能的机会，她珍惜自己的成就，因为她从中获得了受尊重感。

威立姆·温德曾经说过：“人性中最大的渴求就是展现自己。”为什么我们不将这个道理运用到自己的生活和工作中去呢？

从此刻起，让我们记住待人处事的第三个原则：

关注他人的需要。

第二章　赢得他人欢迎的6条规则

◎ 发自内心地对他人感兴趣

◎ 时刻展露你真诚的微笑

◎ 牢记他人的姓名

◎ 倾听比好的谈吐更重要

◎ 了解他人的兴趣并迎合他

◎ 让他人感觉到自己的重要性

发自内心地对他人感兴趣

我们为什么要看这本书来学习如何获得朋友？我们为什么不虚心向世界上最善于交际的动物来学习这种技巧呢？它到底是哪一种动物呢？你明天走到街上，就可以看到它。当你离它 10 英尺左右时，它就会对你摇动尾巴。如果你停住脚步，用手轻轻拍拍它的头，它会高兴得围着你打转，来表达它是多么喜欢你。而且你也知道，在它这样亲密的表示背后，并没有任何企图，它既不会向你推销一幢房子或一块地皮，更没有要与你结婚的打算。这个善于交际的动物就是一只可爱的狗。

大家有没有想过，狗是唯一不需要为自己的生存而工作的动物？母鸡要生蛋，奶牛需产奶，金丝雀要唱歌……狗除了“爱”以外，不需要做任何事来维持它的生活。

在我 5 岁的时候，父亲给我买了一只黄毛小狗。这只狗给我的童年带来了无比的欢乐。每天下午 4 点半左右，它蜷曲在庭院前，用它那双美丽的眼睛，目不转睛地望着我放学回家必经的那条小路。每当它听到我的声音或看到我提着饭盒经过那片矮小的树林时，就像一支离弦的箭飞快地窜上小山，高兴地跳着、叫着欢迎我的到来。

我给它取了一个好听的名字叫迪贝，它做了我5年的好朋友后，在一个雷电交加的夜里，它在离我仅10英尺远的地方被雷电击死。迪贝的惨死，可以说是我童年时代的一幕悲剧。

迪贝从来没有读过心理学，我想你也不需要去读。凭借你的真诚去关心别人，那么你在两个月时间里所交的朋友，要比你在两年时间里，主动来结交你的朋友还要多。请允许我再说一遍，在生活和工作中，如果你时刻关心别人，对别人产生兴趣，在两个月的时间里所交的朋友，比只想让别人关心你、对你产生好感，在两年的时间里所交的朋友还要多。

然而，你我都知道，有的人终身没有朋友的主要原因是，他一心只想着让别人关心他，对他产生兴趣。希望他人关注自己，对自己产生好感，而又能够成为自己的朋友，这些愿望可以说是白日做梦。

纽约电话公司曾经做过一项调查，调查人们在通话时最常用到的是什么字，答案也许你早就猜对了，那就是人称代名词中的“我”。在500次通话中，“我”字被反复使用了3 990次。

当你看到与别人的合影时，你先看的是谁？

如果你以为人们在生活和工作中一直都很在乎你、关心你，请你回答这个问题：如果你今晚突然离世，会有多少人自发地前来参加你的葬礼？

除非我们在平常主动先去关心别人，否则别人怎么会对我们产生好感与兴趣呢？请拿出你的笔和纸，把下面的话记录下来：

如果我们总是想得到他人的关注，让他人对我们产生好感，而不是我们主动去关心他人，对他人产生兴趣的话，我们永远也得不到一个知心的朋友。

拿破仑和约瑟芬最后一次见面时，他对约瑟芬说："亲爱的约瑟芬，你要知道，在未遭受失败之前，我曾是世界上最幸运的人，但现在只有你，才是这个世界上我唯一信任的人。"实际上，历史学家对拿破仑是否真正信任约瑟芬还存有许多怀疑。

著名心理学家阿尔弗雷德·阿德勒曾在其著作《生活对你的意义》中说道："一个只关心自己、对别人不感兴趣的人，在他的有生之年，一定会遭遇重大的阻碍与困难，同时也会给其他人带来极大的伤害与困扰，正是人类的自私导致了各种悲剧的发生。"

也许你阅读过许多研究人类心理学的专著，却对阿德勒的这段话理解还不够全面。我并不喜欢重复，但阿德勒的话太有启示意义了，所以我不得不再次抄写下来："一个只关心自己、对别人不感兴趣的人，在他的有生之年，一定会遭遇重大的阻碍与困难，同时也会给其他人带来极大的伤害与困扰，正是人类的自私导致了各种悲剧的发生。"

我曾在纽约大学选修短篇小说著述法的课程，期间有一位著名杂志编辑给我们做演讲。他说他每天都会收到数十篇小说稿件，随便读取其中任何一篇的几个片段，就可以觉察出作者是否真心关心他人……如果这位作者不喜欢别人，别人也不会喜欢他的作品。

一位饱经世故的老编辑，在演讲的过程中有两次为自己偏移主题而向我们道歉。他说：“现在给你们一个忠告，你们要想成为一名出色的小说家，必须主动去关注别人，对别人产生兴趣。”

如果说著书立说的秘诀是这样，那么应用在处世交友上，肯定更应该如此。

魔术大师霍华·塞斯顿是位成功的魔术家，有一次他在百老汇献技，我为了拜访他，在后台化装间待了一个晚上。40 年来，塞斯顿走遍世界各地，凭借精湛的魔术技巧，创造出各种幻象令 6 000 万以上的观众如痴如醉，而他也从中得到了 200 万美元的演出薪水。

我请塞斯顿先生谈谈他成功的秘诀，他讲述了他的往事：

他幼年就离家流浪，四海为家，没有受过多少教育；作为一位流浪者，他不是逃票偷乘火车，就是躲在货车中搭便车，睡在乡间的秸杆堆里过夜，挨家挨户地乞讨。一路上通过车窗观看铁路两旁的广告牌而学会了认字。

塞斯顿先生并没有高人一等的魔术知识，实际上很多人懂的比他更多，这是他亲口对我说的。但他有别人不具备的两种优势：

首先，他有独特的表演魅力，懂得如何取悦观众。他在舞台的每一个动作、表情、说话的声调都经过精心的设计、严格的排练，甚至连时间也精准地计算过，能做到分秒不差。他优雅的举止、敏捷的动作，总是能让场下的观众为之沸腾。

除此之外，塞斯顿最大的成功之处就是对他人有着浓厚的兴趣。他告诉我，许多魔术师把观众当作傻瓜、乡巴佬，想尽办法去忽悠他们，但他完全不会那样做，他每次上台时都会叮嘱自己说："我要感谢这些捧场的观众，是他们使我获得了舒适的生活，我要尽最大的努力，让他们欣赏到我最精彩的表演。

他还告诉我，每次走向舞台之前，他都会反复对自己说："我最爱我的观众，爱那些关注我表演的所有人。"这些对你来说，是不是荒唐可笑、不符合常人逻辑？你怎么想都没有关系，我只是把这位深受人们爱戴的魔术家的成功之道讲述出来而已。

我有幸拜访了著名歌唱家苏蒙·亨克夫人，她向我讲述了同样的经历。还没有成名之前，她穷困潦倒，日子过得十分艰难，由于不堪生活的重负，她甚至产生了与刚出生的孩子一起自杀的念头……尽管生活艰辛，但她并没有放弃自己所喜爱的歌唱事业，经过不断的努力，她最终成为轰动一时的"格纳式歌唱家"。她承认，她成功的秘诀是对如何赢得观众的喜欢及为人处世之道产生了兴趣。

乔治·戴克住在宾夕法尼亚州的北华伦城，由于他的服务站被一条高速公路抢走了好位置，他只好提前退休。很快，无趣的退休生活使他感到难以忍受，为了打发闲暇时间，他开始演奏他那把旧小提琴。不久，他到处旅行，在各处欣赏音乐，求教于那些修养极高的小提琴演奏家。他虽然不是什么伟大的小提琴演奏家，但是他以谦虚友善的态度去了解别人，结交他所认识的每一位音乐家，最后交到了许多朋友。他参加了比赛，美国东部的乡村音乐迷很快就认识了这位"来自宾夕法尼亚州北华伦城的拉小提琴的乔治叔叔"。这时，乔治已经72岁了，但他仍在享受自己生命中的每一分每一秒。

72岁，大多数这个年纪的人认为自己已时日不多，而乔治出于对人们的持续的热情和兴趣，使自己拥有了一个崭新的生命。

罗斯福总统在任期间有着惊人的成就，受到人们的欢迎，这也是他成功的秘诀之一。连他的仆人们也都敬重他，他的黑人侍从爱默生曾写过一本关于他的书，书名是《西奥多·罗斯福——仆人心目中的英雄》。在这本书中，爱默生讲了一个感人的故事：

有一次，我妻子问总统美洲鹑鸟是什么样子的，因为她从来没有见过鹑鸟，而总统不厌其烦地告诉了她。过了些时候，我家里的电话铃声响了。当时我与妻子住在罗斯福总统牡蛎湾住宅内的一所房子里。妻子接起电话，原来是总统亲自打来的，总统在电话里告诉她，现在从窗户向外看正好有一只鹑鸟飞过。这桩小事正体现了总统的品质。无论什么时候，只要他经过我们的屋子外面，即使没有看到我们，仍可听见他那亲切的招呼："嗨，爱默生！""嗨，安妮！"

每一位雇员都会喜欢这样的主人，因为每个人都喜欢与友善的人打交道。

有一天，罗斯福进白宫去见塔夫脱总统，恰巧塔夫脱总统和夫人出去了。罗斯福亲切地叫出了所有仆人的名字，包括厨房里洗碗的女仆，并且主动热情地与她们打招呼。

当他看到厨房里的女佣爱丽丝的时候，问她是不是还在负责做玉米面包。爱丽丝告诉他，现在做这种面包只是为了给仆人吃，楼上的人根本不吃了。

罗斯福惊讶地说道：“那是他们没有口福。我见到总统时，一定要把这件事告诉他，玉米面包是种美食。”

他一边吃着一片爱丽丝用盘子装着的玉米面包，一边走向塔夫脱总统的会客厅，一路上就像以前做总统时那样，热情地与每一位园丁及工人打招呼……

有一位在白宫工作了40年的仆人艾克·胡佛含着泪感叹道：“这是我近几年来最快乐的一天，即使有人拿100美元来交换这美好的一天，我也不会答应。”

哈佛大学校长伊利亚博士，在日常生活和工作中也有关心和帮助别人的习惯，因而深受学校每位师生的爱戴。下面给大家讲述一个伊利亚博士处事待人的案例：

有一天，大一学生克列顿去校长室领取50美元的贫困学生助学贷款。后来，克列顿说：

“我拿到钱后，心里非常感激，正要走出办公室，伊利亚校长把我叫住，说：‘你请坐一会儿……听说你经常在宿舍自己做饭，如果你吃得习惯且又能省钱的话，我并不认为那是件坏事，过去我上大学时也有过这样的经历……’我听到这番话后感到十分意外，他接着又说：‘你喜欢吃肉饼吗？如果能把肉饼做得又烂又熟的话，那可是一道很不错的美食，过去我就很喜欢做肉饼。’最后，他还详细地给我讲述了做肉饼的步骤与方法。”

正是出于对普通人的关怀，新泽西州查特汉市的一位销售代表爱德华·赛克斯重新赢得了一笔订单。

许多年前，赛克斯在马萨诸塞州为强生公司前去拜访一位药品杂货店的客户。每次来到这家商店，他总是先和店里的伙计聊几句，再去见店主谈生意。

有一次，赛克斯正想和店主谈订单，店主却突然让他走开，表示再也不会订购强生公司的任何产品，因为强生公司几乎将全部精力放在了食品店和折扣店上，对药品店的效益造成了很大的损害。失落的赛克斯只得离开，但他并没有死心，在城里兜了几圈之后，他决定再次回去找店主，解释一下他们公司现在的情况。

赛克斯再次走进店里，如同往常一样与店里的伙计热情地打着招呼。当他见到店主时，店主笑脸相迎，并且给了他比平时多两倍的订单。赛克斯十分惊讶，忍不住询问他离开的几个小时里到底发生了什么事情。店主指着卖冷饮的伙计说，你走之后，伙计告诉我，在那么多的推销员中，你是唯一一个与伙计打招呼的推销员，并且说你是一名值得与你做生意的人。

店主十分赞同伙计的观点，并且成了赛克斯最忠实的合作伙伴。

赛克斯从此学到了值得铭记一生的一课，那就是真心地关注别人，是推销员必须具备的最重要的品格。这对任何人、任何事来说都是一样的。多年潜心研究怎样与人相处，使我得到了一个经验：如果我们在日常生活与工作中，能够做到真正关爱他人，那么，即使是全美工作最繁忙的人，也会愿意伸出热情的双手与

我们合作。请允许我用一次亲身经历来说明：

数年前，我曾在布鲁克林理学院举办了一个以小说创作为主题的培训班。我们打算邀请诺里斯、赫斯德、塔贝尔、休斯等著名作家来为我们传授一些写作的经验。于是，我与所有学员联名给他们每个人写了一封信，说我们非常喜欢他们的作品，是他们的忠实读者，并且非常希望他们能在百忙之中抽出一些时间来，为我们讲述一些与写作有关的经验和成功秘诀。

每封信上都有150名学生的签名。我们在信中还说，我们知道他们的时间很宝贵，没有时间接受我们的邀请，所以我们在每封信里附上一张关于写作的问卷，如果他们能在空闲时填写好后邮寄给我们，我们必将感激不尽。这些作家完全被我们的真诚打动了，他们特意从很远的地方来到布鲁克林，出席了这次关于写作的专场演讲。

我们运用同样的办法，还请到罗斯福总统执政时期的财政部长、塔夫脱总统执政时期的司法部长，以及其他很多名人来给我班上的学员演讲。

世上所有的人，无论他是屠夫、面包师，还是宝座上的国王，都希望得到别人的尊崇。德皇威廉就是这样一个例子。

第一次世界大战结束后，世界人民无不指认威廉二世是大战的祸首，他逃亡荷兰后，连德国人也不愿理他。残酷的战争给人类带来了无尽的伤害，憎恨他的人何止千百万，甚至有人要把他抓来碎尸万段。

在这股怒火燎原的公愤中，有个小男孩写了一封简单诚恳、充满仁爱和钦佩的信，寄给威廉二世。威廉二世看了这封信后十分感动，于是邀请这个小男孩来见他。小男孩真的去了，是他的母亲陪他一起去的。后来，威廉二世和小男孩的母亲结了婚。

从这个案例可以看出，有的人根本不需要阅读那些如何结交朋友和影响他人的书籍，他们天生就知道这些。

如果我们打算结交朋友，应该先花点时间、精力去关爱他人。当爱德华公爵还是皇储的时候，他计划周游南美洲。在尚未出发之前，他花了好几个月时间去研究西班牙语，以便能够直接和南美各国人士谈话……所以，他到了南美洲后，特别受当地人的欢迎。

这些年来，我一直在认真地打听朋友的生日。这件事是如何进行的呢？我当然不会相信星相学之类的见解，但我见了朋友，总是问他们是否相信一个人的生日与性格有关。然后，我请他告诉我他的生日。如果他说生于11月24日，我便牢牢记住这个日子，待他一转身，我悄悄地把他的姓名和生日记下来，回家后再写在一本“生辰簿”上。

每年年初，我把这些生日写到我桌上的台历上，到了有人生日的那一天，我就给他写信或发电报。当那人收到时，他是多么的高兴！除了他的亲人以外，我恐怕是世界上唯一记住他生日的朋友。

如果我们想要交朋友，就要用我们最热忱的态度去对待他们。当别人打电话给你，你也应该运用同样的心理学，以极为欢迎的口气加上一句："你好！"纽约电话公司举办了一个训练班训练接线生。询问者问"什么号码"时，应该再加上一句"我很高兴为你服务"。以后我们接电话时，也应该记住这一点。

这种哲学运用在商业上有效吗？我可以举出很多例子来，因篇幅所限，这里只举两个例子：

查尔斯·华特服务于纽约市一家极具声誉的银行，他被指派撰写调查一家公司业务情况的秘密报告。华特知道有家实业公司的经理对其中的情况为最清楚，可以提供自己所需要的资料，于是他就去拜访那位经理。

当华特被引进经理室时，一个年轻的女子从门外探头进来，告诉那位经理说，她那里没有什么好邮票给他。

经理朝那女子点了点头，接着向华特解释似的说："我在替我那12岁的孩子收集邮票。"

华特坐下说明来意后，马上提出自己的问题。但那位经理却含糊其词，不着边际地应付他，明显不愿多说。华特用尽办法也无法使他多说一些。这次谈话简短枯燥，得不到任何要领。

华特是我培训班里的一个学员，他说："说实在的，我真不知道该怎么办才好……后来，我突然想起他那个女秘书对他说的话，邮票、12岁的小孩，同时我又想到，我们银行的国外汇兑部常与世界各地通信，有不少平时罕见的外国邮票，现在正可以派上用场。"

第二天下午，华特再见去拜访那位经理，同时传话进去，他有很多邮票，特地带来给那位经理的儿子——你说，他是不是受到了热烈的欢迎？那是当然的事。经理紧紧握着华特的手，脸上满是喜悦的笑容。他看了看邮票，一再地说："我的乔治一定喜欢这一张……嗯，这一张更好，那是很少见到的。"

他们谈了半个小时的邮票，还看了他孩子的相片……随后，不需要华特再开口了，经理花了一个多小时的时间，提供了华特所需要的各项资料。他说完自己所知道的情况后，又把公司里的职员叫来询问，接着还打了几个电话问他的朋友。他把那家公司财务状况的各项报告、函件全都给了华特，使华特收获极大。

在纽约北美国家银行定期出版的一本刊物中，曾经刊登了一个名叫玛德琳·罗丝戴尔的储户的来信：

我很感谢贵银行全方位、热情周到的服务理念，在我身心疲惫的时刻，你们也不忘记给客户一个温暖的微笑以及真诚的问候。去年在我母亲住院的五个月里，一个名叫玛丽·派屈绮罗的柜台出纳员很关心我的母亲，时常加以问候。

北美国家银行的服务理念，让罗丝戴尔更乐意继续光顾这家银行。

下面是另外一个例子：

克纳夫是费城一家煤厂的推销员，多年来他一直想把厂里的煤卖给一家联营百货公司，但是那家公司始终不买他的煤，依旧向市郊的一家煤厂购买。更令他受不了的是，他们每次运煤时，又正好经过他办公室的门前。为了这件事，克纳夫在培训班上大发牢骚，痛骂联营百货公司对国家和社会是有害的。

他嘴里这样讲，但还是不甘心——为什么劝不动那家公司买他的煤？

我劝他尝试另一种不同的方法。情形是这样的：我把培训班里的学员分成两组，展开了一次辩论，主题是“连锁性的百货公司业务发展对国家害多益少”。

依照我的建议，克纳夫参加了反对的那一组，替那家公司辩护。然后，我要他直接去见不买他煤的那家公司的负责人。

克纳夫见到那位负责人后，对他说：“我不是来要求您买我的煤，只是有一件事想请您帮个忙……”他说明来意后，接着说：“因为我想不到除了您以外，还有谁能向我提供这些资料……我很想在辩论会中获胜，希望您能提供更多有关方面的资料。”

下面是克纳夫自己叙述的有关当时的情形：

我请求那位负责人给我一分钟的谈话时间，经过这样的传话后，他才答应见我。当我说明来意后，他请我坐下，结果我们谈了一小时又四十七分钟。他打电话给另一家连锁机构的高级职员，那人曾经写过一本有关连锁性百货公司的书。他还写信给全国连锁性联营百货公司工会，替我找来不少有关这方面的辩论记录。

他觉得他的公司已做到服务社会的宗旨，他对自己的工作感到满意而自豪。他谈话的时候，两眼闪耀出热忱的光芒。对我来说，我必须承认这开阔了我的眼界，让我看到了我做梦都想象不到的事情，使我改变了对他原有的想法。

我要离开的时候，他亲自送我到门口，一手搭在我的肩膀上预祝我在辩论会上获得胜利。最后，他对我说："到春末的时候，你再来看我，我愿意订购你的煤。"

这件事对我来说不亚于奇迹，我并没有提到，也没有央求他，可是他却要买我的煤了。由于我真诚地对待他，对他的问题产生兴趣，在这两个小时内所得到的进展比 10 年中所得到的还要多。原因是我过去只关心我自己和我的煤，而现在我关心的是他和他切身的问题。

克纳夫发现的并不是一个新的真理。远在基督降生的百年前，著名的罗马诗人西罗斯就曾经说过："要想让别人对我们发生兴趣，我们首先要对别人发生兴趣。"

与其他的人际关系原则一样，关心他人必须出于真诚。不仅付出关心的人应该这样，接受关心的人也理当如此。这是一条双向道，两者皆受其益。

马丁·金斯柏曾在纽约长岛选修我们的课程，他说一位护士的特别关怀深深地影响了他的一生：

10 岁那年的感恩节，我住在城里一家医院的免费病房里，准备第二天进行外科整形手术。我知道，手术以后的几个月里，我将无法外出，还要忍受疼痛，等待伤口复原。我的父亲早已离世，我和母亲相依为命，母亲住在一间小公寓里，接受社会福利救济。那一天，母亲无法前来看我。

我感到十分孤单、绝望和恐惧。我知道母亲独自在家，为我担心，而且没有人陪伴她，没有人和她一起吃饭，她甚至没有钱吃一顿感恩节晚餐。

泪水涌出我的眼睛，我把头埋在枕头和棉被下面，努力不让自己哭出声来。但我实在是太伤心了，以致哭得整个身体都颤动不已。

一位年轻的实习护士听到啜泣的声音，赶紧跑过来。她掀开棉被，擦干我脸上的泪水，对我说，她今天要留在医院值班，无法和家人团聚，心里感到很孤单。她问我愿不愿意和她一起吃饭，接着拿了两份食物过来，有火鸡片、马铃薯泥、橘子酱和冰激凌等。她和我聊天，使我不再感到害怕，一直到下午4点换班的时候，她才离开。晚上11点，她又回来了，陪我玩，和我聊天，直到我睡着了才离开。

这以后，感恩节来了又去，去了又来，只有这个感恩节永远留在我的脑海里。在那个特别的日子里，有我的挫折、恐惧、孤单，还有来自一位陌生人的温情和关怀。

从此刻起，如果你要别人喜欢你，或是改善你的人际关系，请记住第一个原则：

真诚地表达对别人的兴趣。

时刻展露你真诚的微笑

最近我在纽约参加一次宴会，其中有位客人是刚刚获得了一笔遗产的妇人。她似乎急于让人们对她留下一个良好的印象，因而不惜重金购买了许多名贵的服饰、钻石和珍珠，可她偏偏没有注意到自己脸上的表情，她的脸上充满了刻薄与自私。她怎么也不明白，令人赏心悦目的应该是女人独有的那份优雅与超凡脱俗的气质。

施瓦伯曾经告诉我，他的微笑价值百万。他所暗示的或许就是这个真理。施瓦伯有今日的成就，应该归功于他的人格魅力和他那讨人喜欢的特殊能力——最令人倾心的微笑。

有一次，我花了一个下午的时间去拜访雪弗立，说实在的，我很失望。他沉默寡言，跟我想象中的完全不一样，直到他露出一缕微笑的刹那间，整个气氛才得以缓解。如果不是他那一刹那间的微笑，恐怕雪弗立依旧在巴黎做他的木匠，继续他父兄的行当。

一个人的行动比他所说的话更能表现一切。人们的微笑总能向他人传递一个信息："我喜欢你，你能让我感到快乐，能与你在一起是我的荣幸！"

人们之所以喜欢狗，就是它没有目的地喜欢着我们。当它看到我们时，表现出那种发自内心的喜悦，怎能不让我们喜欢呢？同样，婴儿的微笑也是如此。

相信你也在医院的候诊室里待过，不知道你有没有注意到周围的人都一脸阴沉、烦闷不堪。下面这个故事来自密苏里州雷顿市的兽医史蒂芬·史都尔。

有一年春天，他的候诊室里人满为患，大家都等着给自己的宠物注射疫苗。室内鸦雀无声，也许大家都觉得不该坐在这里浪费时间，应该找点什么事干。

史蒂芬·史都尔说："候诊室里有六七个人，这时，有一位女士带着九个月大的孩子和一只小猫进来了，坐在一位男士身旁。这位男士正等得很不耐烦，他朝边上看了一眼，发现那个孩子正看着他，并且天真无邪地笑着。这位男士会有什么反应呢？他像许多人会做的那样，也对那个孩子笑了笑。接着，他就和那位母亲聊起天来，谈到了她的孩子和他的孙子。不一会儿，整个候诊室的人都聊了起来，气氛轻松了许多，每个人都感到十分愉快。

孩子的笑是否真诚呢？当然。虚假的笑骗不了人，众所周知，那种笑是机械的、令人讨厌的。我所说的是一种真正的微笑，热心的微笑，发自内心的微笑，一种在人际交往中极具价值的微笑。

密歇根大学的心理学教授詹姆斯·麦克奈尔对于微笑有着自己的看法。他说："那些笑脸常在的人，在教育和推销中更容易获得成功，更容易培养快乐的下一代。笑容比皱眉头更能传情达意，这正是鼓励比惩罚更能起到效果的原因所在。"

纽约一家极具规模的百货公司的人事部经理跟我谈到这件事时，说他宁愿雇用一个有着真诚的微笑、只有小学学历的女孩，也不愿雇用一个冷若冰霜的哲学博士。

美国一家很大的橡皮公司的董事长告诉我，依他的观察，一个人事业的成功与否，完全在于他对这项事业是否感兴趣，仅凭苦心钻研，恐怕很难打开成功之门。他说："有些人在开始一项事业的时候怀着极大的希望和兴趣，所以能在早期获得部分成就。当他们对这项工作感到厌烦、沉闷，失去了原有的兴趣时，他们的事业也开始渐渐走向下坡，终致失败。"

如果你希望别人用一副高兴、欢愉的神情来对待你，你首先要用这样的神情去对待别人。

我曾经在学习班上向众多商界人士建议，在每一天，无论在什么时候，给遇到的人一个会心的微笑，一个星期后，回到课堂来谈谈自己的收获。我们先来看看纽约证券交易所的威廉·史坦哈德先生写来的信。他的情况绝非特例，现实中经常可以见到。

结婚18年来，从我起床到离开家这段时间，妻子很少看到我脸上的笑容，我也很少说话。

因为你建议我们谈谈对微笑的感受，于是我按你所说的，准备尝试一个星期。第二天早晨，我从洗漱台的镜子里看到自己一副阴沉的面孔，对自己说："威廉，今天你要用微笑代替你的愁容，现在就应该开始。"与妻子一起用早餐的时候，我面带微笑地跟她打招呼："亲爱的，早上好！"

你曾告诉过我，当我们这样做的时候，身边的人一定会感到很惊奇，但实际上，他们不只是惊奇。你完全低估了他们的反应。她很迷惑，甚至惊呆了。我告诉她，她将来可以每天都遇到这种愉快的事情。从此以后，我每天早上都这样做。这两个多月来，我们的家庭气氛完全发生了改变，我在家感受到的幸福比过去一年还要多。

现在，每当我去办公室的时候，也会面带微笑地向电梯员问好；我对司机、银行的工作人员，也投以真诚的微笑；在交易所里，我对那些从来没有见过面的人都给予微笑……

这样没过多久，我发现每个见到我的人，也会给予我微笑。我总是微笑着接待那些前来向我诉苦的人，静静地听他们诉说，在不知不觉中，问题就变得更容易解决了。我发现微笑给我带来的财富，真可谓取之不尽，用之不竭。

我和另一个经纪人合用一间办公室。他雇用了一位年轻可爱的职员，自从我学会了微笑，那位年轻的职员渐渐对我产生了好感。我对自己所取得的进展感到很自豪，于是向那位年轻人讲述了自己最近学到的人际关系新哲学。那位年轻人承认，他初来这间办公室时，认为我是一个性格古怪、难以相处的人，但最近一段时间，他对我的观感已经有了彻底的改变。他还夸我的微笑很有亲和力！现在我改掉了批评、斥责他人的习惯，代之以赞赏和鼓励。我再也不会只顾自己的需求，而不考虑他人的感受。这些做法使我的生活发生了巨大的变化，我现在已经变成了一个与以往截然不同的人，比以前更加快乐充实，感觉自己获得了一次重生。

请记住，这封信是由一位出色的股票经纪人所写的。在纽约证券交易是一个不容易成功的谋生行业，没有丰富的阅历与专业知识，100 个人中就可能会有 99 个人失败。

觉得自己笑不出来，那怎么办？你不妨试试这两种方法，第一，是强迫自己微笑。第二，当你独处时，不妨吹吹口哨，唱唱歌，尽量让自己高兴起来。哈佛大学已故的詹姆斯教授对此有如下见解：

“一个人的行动应该是追随着他的自身感受，实际上，行动和感受是互为一体、不可分割的。所以，当你需要快乐时，可以强迫自己快乐，这样真的可以使自己快乐起来。

“人们都想知道如何寻求快乐，这里有一个途径，或许可以把你带去快乐的境界。那就是让自己知道，快乐是出自自己内在的心情，不需要向外界寻求。”

不论你拥有什么、你是谁、你在什么地方，或者你是做什么的，只要你想快乐，你就能快乐。有这样一个例子：有两个人，他们拥有同样的地位，做同样的事情，收入也一样，但其中一个轻松愉快，另一个却整天愁眉苦脸。这是什么原因？答案很简单，他们两人所怀的心情不一样。

莎士比亚曾经这样说过：“事情从来没有好与坏之别，而只是每个人的内心使然。”

林肯有一次也这样说过：“大多数人所获得的快乐，与他们的内心所想到的快乐相差不大。”他说得不错。最近我找到了一个可以验证这句话的案例：

有一天，当我走上纽约的长岛车站的石阶时，看到有三四十个行动不便的残障孩子走在我的前面，他们用拐杖很吃力地一级一级向前挪动，有些孩子还不得不让人抱着上去。可是他们满脸的快乐、欢笑让我感到惊奇。

后来，我找到管理这些孩子的老师，讲了我个人的感受。老师说："当一个孩子知道自己将要终身残疾时，会感到惶恐不安。可是，这种惶恐不安过后，他们只好面对现实，在艰难的生活中寻求快乐，现在他们的快乐并不比一般行动正常的儿童少。"

我真应该向那些残障的孩子表示深深的敬意，他们给我上了永远无法忘却的一课。

玛尼与费尔刚离婚的那段时间里，我有一个下午与玛尼在一起。许多朋友都以为玛尼会因感情的破裂而痛苦不堪，但事实并非如此，她显得安详而愉快。她是如何使自己内心平静下来的呢？她的回答是："事已至此，就不给自己找烦恼，学会从自己的内心深处去寻找快乐。"

白德格过去是棒球队里的三垒手，现在是美国一位成功的保险商，你认为他有一套事业成功的秘诀吗？答案是肯定的，他经过多年的经验研究总结出了一个道理，微笑是永远受人欢迎的。这些年以来，进办公室之前，他总会在门外停留片刻，从记忆中找出一些值得自己高兴的事情，让自己脸上绽放一缕发自内心的微笑，然后才走进办公室。

他相信微笑虽然是一桩微不足道的小事，但却使他在保险行业取得了极大的成就。

独自在一间封闭的办公室里工作，不仅会让人感到寂寞，还会失去与公司其他人交流的机会。

西罗拉·玛丽亚住在墨西哥的瓜达拉加拉市，她就是一个人一间办公室。她非常向往其他同事聊天时的欢笑声。上班第一周，当她从同事身边经过时，不禁害羞地掉过头去。

就这样过了几个星期，她对自己说："玛丽亚，你不该指望别人先和你打招呼，你应该先向别人问好。"于是，当她下一次出去倒饮料时，她露出自己最迷人的笑容，和遇到的每个人打招呼："嗨，你好！"效果立竿见影，大家都以笑容和欢呼来回应她，过道似乎变得明亮了，工作气氛也融洽了许多。玛丽亚在公司里有了越来越多的熟人，有的人甚至成了她的好朋友。她的工作和生活都变得更加愉悦、有趣了。

我们再来看看哈巴德提供的这个神奇的建议，我们不仅要牢记，而且还要去实践它，否则它对我们毫无用处。他的建议如下：

每天从你走出家门的那一刻起，挺胸抬头，下巴往里收，让新鲜的空气充满你的胸腔。遇到朋友与你握手时，要将全部的真诚与祝福倾注在你的手掌中。不要担心别人误解，别去想那些不开心的事，更不能让怨恨侵入你的意识中，全神贯注地与朋友握手。

在你的一生中，首先确定你喜欢做的事，再去为之奋斗。唯有把全部精力集中在你喜欢做的事情上，才能在未来的日子里，把所有的机会牢牢掌握在自己手中。

要把自己想象成一个智能超群、待人诚恳、有益于社会的人。当你有了这种想法后，你会时刻警示自己改掉一些恶习，修炼自身的涵养，使自己成为一个魅力十足的人。你必须知道，心理暗示能使一个人形成巨大的气场。

在生活中，我们要始终保持真诚、乐观、积极向上的心态。

良好的心态能开启人生的智慧，当我们拥有了高尚的理想，并为此而努力拼搏，往往都会成功。心若在，梦就在，只要放松心态，相信自己，一切皆有可能。

中国古人拥有无穷的智慧，其中有这样一句格言，你应该将它写在自己的帽子里。这句格言是："人不会笑莫开店。"

说到开店，弗雷克·伊文为考林公司撰写的几句广告语中，有几句话能给我们带来借鉴和启示。

在圣诞节露出你的微笑，这不用付出什么，却收获颇丰。

它使获得者受益，施予者也毫无损失。

它虽发生在刹那间，带来的美好却在人们心中永存。

富人需要它再创辉煌，穷人靠着它脱贫致富。

它可为家庭带来欢乐，可使事业带来机会，可为疲惫者带来安慰，可使失望者获得信心，可令悲哀者迎向阳光，可使天地豁然开朗。但它无处可买，无处可求，无处可借，更无处可偷。你不给予，没有人会得到它。

假如在圣诞节最后忙碌的一秒钟里，我们的店员或许因为太疲倦了，来不及把他们的微笑送给你，那么，你是否愿意将微笑送给他们呢？

因为没有给人微笑的人，更需要别人给他微笑。

从此刻起，如果你想得到别人的喜欢或给人留下良好的印象，请记住第二个原则：

时时露出你发自内心的微笑！

牢记他人的姓名

1898 年，纽约洛克雷村发生了一桩悲剧。那里有个小孩去世，出殡当天大雪纷飞、天寒地冻，村里的人都准备去参加葬礼。法莱也是送葬行列中的一员，他去马棚里拉马。那匹马关在马棚里已经好多天了，当它被拉到水槽旁边时，便撒起欢儿，把两条腿高高地腾空就地打起转来，法莱一不小心被马踢倒，不幸死去。于是，洛克雷村在一周里举行了两场葬礼。

法莱去世后没有留下多少遗产，他的妻子和他的 3 个孩子只得到了几百美元的保险金。

当时法莱的长子吉姆才 10 岁，为了家中的生计，他不得不去一家砖厂工作：他把沙土倒入模子里压成砖瓦，再拿到太阳下晒干。他没有机会接受更多的教育，但是他有着爱尔兰人达观的性格，周围的人都很喜欢他，愿意与他做朋友。后来他投身政治，经过多年的努力，逐渐养成了一种善于记忆他人姓名的特殊能力。

吉姆没有进过中学，可是到他 46 岁时，已有四所大学授予他荣誉学位；他还曾当选为美国民主党全国委员会主席，担任过美国邮务总长。

有一次，我专程去拜访吉姆先生，请他告诉我他成功的秘诀。他简短地告诉我："踏实苦干！"我对这个回答当然不会感到满意，所以，我摇摇头说："吉姆先生，别开玩笑了。"

他问我："那你认为我成功的原因是什么呢？"

"吉姆先生，我知道你能叫出1万个人的名字来。"我回答说。

"不，你错了，卡耐基先生！"吉姆对我说，"我大约可以叫出5万个人的名字。"

别对这个感到惊奇，吉姆正是因为具有这种本领，才能帮助富兰克林·罗斯福顺利入主白宫。

当吉姆在一家公司做推销员时，他还兼任洛克雷村的村长，那个时候，他找到了一种很快能记住他人姓名的方法。

吉姆的这种方法并不是很复杂。不管遇到什么人，他都会问清对方的姓名、家里几口人、从事的职业和政治见解。问清楚这些后，他就牢牢地记在心里。下次遇到这个人，即使已相隔一年多的时间，他还能拍拍对方的肩膀，问候其家中的妻子儿女，甚至他家里后院的花草。这样的人怎么会不受别人欢迎呢！

罗斯福开始竞选总统的前几个月，吉姆每天要写数百封信，邮寄给美国西部及西北部各州的熟人和朋友。之后，他乘坐火车，用19天的时间走遍美国20个州，行程1.2万英里。除了火车，他还使用马车、汽车、轮船等交通工具。每到一个城镇，他都去找熟人吃早餐、午餐、茶点、晚餐，进行一次极为诚恳的谈话，然后再赶往下一个目的地。

他一回到东部，便立即给拜访过的朋友写信，请他们把曾经与自己谈过话的客人的名单寄给他。按照这个名单，吉姆给那些不计其数的新朋友都寄去了亲密而极有礼貌的私人信件，这些信件的开头都是用"亲爱的××"，信件最后都是署上"您的朋友：吉姆"。

吉姆早就发现，一般人对自己的姓名最感兴趣。记住一个人的姓名，并很自然地叫出口，就等于给对方一个巧妙的赞美。否则，如果忘记或叫错他人的姓名，不但会使对方感到难堪，对自己也是非常不利的。

有一次，我在巴黎组织了一个演讲培训班，并给当地的所有居民邮寄了复印信件。我雇用的打字员是一名法国人，英文水平一般，在填打姓名时发生了错误。其中有个学员是巴黎一家美国银行的经理，我接到他的一封责备信，原来那个法国打字员把他的姓名字母拼错了。由此可见，记住他人的姓名是件极其重要的事情。

被人称为"钢铁大王"的安德鲁·卡内基对钢铁制造懂得很少，而替他工作的成百上千的员工，都比他了解钢铁，那么，安德鲁·卡内基的成功秘诀到底是什么呢?

安德鲁·卡内基懂得如何与人相处，而这正是他发财致富的原因。很小的时候，安德鲁·卡内基便显示出超强的组织本领和领导天才。10岁那年，他就发现人们对自己的姓名非常重视。有了这个发现后，他开始加以利用。

这是他童年时期的一段回忆：

那时他住在苏格兰，有一次抓到了一只怀孕的母兔。这只母兔很快生下一窝小兔来，可是他找不到可以喂小兔吃的东西。这时，他想出了一个聪明的主意。他对邻近的那些孩子说，如果谁去弄来小兔吃的食物，这只小兔就用谁的名字命名。这个方法非常奏效，使他永生不忘。

多年后，安德鲁·卡内基把这种方法运用到商业上，结果获得了数百万美元的收入。例如，他打算将钢轨出售给宾夕法尼亚的铁路局，而汤姆生是这家铁路局的局长。于是，安德鲁·卡内基就在匹兹堡建造一个大钢铁厂，命名为“汤姆生钢铁厂”。

猜猜看，宾夕法尼亚铁路局采购钢轨时，汤姆生会向哪一家购买？

当安德鲁·卡内基与普尔曼竞争卧车经营权时，他再次想起了那只小兔子的启示。

当时，卡内基负责的中央运输公司与普尔曼的公司争夺太平洋铁路联合公司的卧车经营权，双方互相排挤，不断讨价还价，致使这宗生意毫无利润可图。因此，卡内基与普尔曼同时约见太平洋铁路联合公司在纽约的董事局成员。一天晚上，他们在圣尼古拉酒店偶遇了，卡内基说：“晚上好，普尔曼先生，现在的这种情况，我们是不是都在彼此作弄呢？”

普尔曼反问道：“你这是什么意思？”

这时，卡内基说出了自己的见解，希望双方不计前嫌，把业务合并起来，这样彼此不但没有了竞争，而且还可以获得更大、更多的利益。

普尔曼认真地听着，并没有完全同意，最后他问道：“这家新公司，你准备用什么命名？”卡内基马上回答说：“当然是用‘普尔曼皇宫卧车公司’了。”

普尔曼那张紧绷着的脸顿时露出了微笑，他邀请卡内基到他的房里仔细讨论。这次谈话改写了美国工业史。

安德鲁·卡内基成功的秘诀，就是他能牢记以及重视朋友和商业伙伴的名字。他常以能叫出每位员工的姓名为傲。他总是得意地说，在他管理公司期间，从来没有发生过罢工的情形。

同样的事情也发生在贝德茹斯基身上。

一直以来，贝德茹斯基总是称呼自己的专职黑人厨师为“考伯先生”，以使其感到自己的重要性。贝德茹斯基曾周游美国 15 次，为全国广大热情的听众演奏。他每次乘专车旅行，都是由同一个厨师给他准备音乐会结束后吃的夜餐。那些年来，贝德茹斯基从来没有使用美国普通的称呼叫他“乔治”，而是按传统的叫法称他为“考伯先生”。事实上，考伯先生也喜欢别人这样称呼自己。

得克萨斯州商业股份有限公司的董事长班顿·拉夫认为，公司越大就越冷漠。“唯一能够让公司变得温暖一些的办法，”他说，“就是记住人们的名字。”

加利福尼亚兰克帕罗市的凯伦·科瑟奇是一位空姐，她就善于记住飞机上乘客的名字，并在向他们提供服务时称呼他们的名字。为此，有的乘客会当面表扬她，也有的乘客会告诉航空公司。有一位乘客写信说：“我已经有段时间没有乘坐你们公司的飞机了，不过，从现在开始，我一定要等你们公司的飞机才坐。你们让我觉得你们的航空公司好像专属化了，而这对我非常重要。”

人人都重视自己的名字，尽量设法让自己的名字流传下去，甚至愿意为此付出任何代价。伯纳姆先生饱经世故、富可敌国，由于没有儿子继承其姓氏而心灰意冷，所以他情愿给自己的外孙西雷 25 000美元，如果西雷愿意称自己为“伯纳姆·西雷”的话。

几个世纪以来，一些贵族与富商常常给艺术家和作家提供赞助，希望他们用自己的名字为艺术品或图书命名。在图书馆以及博物馆里，有很多捐赠者的名字刻在陈列品上，它们大多来自那些一心想让自己的名字流传后世的人。

多数人之所以不记得他人的名字，其实是因为没有花时间与精力去记。他们总是为自己寻找各种借口，比如说自己太忙了。难道我们比罗斯福总统还忙吗？这个伟大的领袖愿意花更多的时间与精力去牢记身边的每一个人，甚至连只见过一面的机械师的名字他都能牢记下来。

事情经过是这样的：克莱斯勒汽车公司替罗斯福总统特制了一辆汽车，张伯伦和一位技工负责将这辆车子送到白宫。张伯伦给我写了一封信描述当时的情形，他说："我教罗斯福总统如何驾驶这辆有着许多特别装置的汽车，而他则教会了我许多为人处世之道。"

张伯伦先生在信中写道：

我刚来到白宫，总统就出来欢迎，他满脸笑容并亲切地叫出了我的名字，让我感到无比亲切。他的笑容到现在仍令我记忆犹新。当我给他讲述这部车子所有的注意事项时，他聚精会神地听着，他那认真的样子，令我永远都无法忘记。

这部车子经过特殊设计，完全可以用手来操作。罗斯福总统对围观的人说："这部车子本身就是一个奇迹，你只要按下按钮，它就能自己开动，我可以毫不费力地驾驶这车子，它奇妙的设计实在是太棒了……我不清楚其中的原理，真希望有时间将它全部拆开，看看它是如何制造出来的。"

当罗斯福总统身边的朋友和工作人员都在赞美这部车子时，他当着所有人的面说："张伯伦先生，真的感谢你花费了那么多的时间与精力，为我设计完成这辆车子，这是一项极其完美的工程。”他赞赏车内的装饰，特别赞扬了空调系统、反视镜、倒车镜、特制照明灯、别具匠心的真皮座垫、驾驶座的位置，尤其是车厢里专门设计了刻有他姓名缩写字母的行李箱。换句话说，罗斯福总统十分明白，车子里每一个细微设计，都倾注了我不少的心血。

他还特意把这些注意事项介绍给罗斯福太太、劳工部长和他的女秘书波金斯。他甚至叮嘱身边的黑人司机说：“乔治，你要好好照顾这些经过特殊设计的衣箱。”

我把有关驾驶方面的信息介绍完毕后，罗斯福总统带着歉意对我说：“好了，张伯伦先生，我已经让联邦储备委员会等了30分钟了，我必须回去工作了。”

我带了一位羞怯的机械师去白宫见罗斯福总统，他没有和总统说过一句话，而罗斯福总统也只听到过一次他的名字。当我们要离去时，总统主动与这位技工握手，还亲切地叫出了他的名字，并感谢他来到华盛顿。总统对这个机械师的致谢，并非出于敷衍，而是真诚用心的，这个我可以觉察得到。

回到纽约后不久，罗斯福总统给我寄来了一封感谢信及由他亲自签名的照片。他怎么有时间做这样的事，真让我感到难以理解。

罗斯福总统知道一种最简单、最容易获得他人好感的方法，那就是记住别人的姓名，让别人感觉到自己很重要……但是，在现实生活中，又有多少人能做到这一点呢？

当别人介绍一个陌生人给我们认识时，双方交谈了几分钟，但在分手时，我们多半都已把对方的姓名忘得一干二净。

一名合格的政治家，所要学习的第一堂课就是“记住每一位选民的姓名”。

记住他人姓名在商业交际中的重要性，与在政治中是同等重要的。

法国皇帝拿破仑三世，也就是伟大的拿破仑的侄儿，曾经得意地说，即使他日理万机，他也能记住他所见过的每一个人的姓名。

他的方法很简单。如果他没有听清别人的名字，他就说：“对不起，我没有听清您的名字。”如果是个不常见的姓名，他就这么问：“对不起，这是如何拼写的？”在谈话中，他会不厌其烦地把对方的姓名反复记忆数次，同时快速地在脑海里把这人的姓名和脸孔、神态、外形对应起来。

如果对方是个很重要的人物，拿破仑三世就更仔细了。事后他会把这人的姓名写在纸上，仔细地观看，牢牢记住，直到确信记住后才把它撕掉。这样一来，在他的视觉与听觉里对这个名字都有深刻的印象。

这样做确实很费时间，但爱默生说：“良好的礼貌，是由小小的牺牲换来的。”

名字中包含的魔力是我们必须注意的，因为它是我们与之打交道的人所完全独享的东西，而不属于别人。名字使一个人区别于其他人，在人群中显得与众不同。一旦我们记住一个人的名字，我们传达给对方的信息就会非常重要。不管是服务员还是高级经理，如果记住了他们的名字，我们与之交往时都会收到神奇的效果。

从此刻起，如果你要别人喜欢你，或是改善你的人际关系，请记住第三个原则：

记住你在生活中接触的每一个人的名字。

倾听比好的谈吐更重要

最近我应邀参加了一次桥牌聚会。我不会玩桥牌，恰巧有一位前来参加聚会的漂亮小姐也不知道怎么玩桥牌。她知道我曾做过托马斯先生的助理，那时托马斯还未从事无线电行业。托马斯曾经到欧洲各地去旅行，我作为陪同，帮助他记录沿途的所见所闻。这位漂亮的小姐知道我的身份后便说：“卡耐基先生，能不能给我讲讲你们那次欧洲之旅见过的名胜古迹？”

我们坐在松软的沙发上开始聊起天来，她告诉我，最近她和丈夫刚从非洲旅行回来。“非洲！”我说，“那是一个十分有趣的地方，我总想去非洲，可是除了在阿尔及尔待过24小时外，就再也没有去过非洲的其他地方。太幸运了，真羡慕你们，请讲讲非洲的情况吧！你是否到过野兽出没的国度？”

那次谈话我们谈了45分钟，她不再问我到过什么地方，看见过什么东西。她再也不去谈论我们的旅行。她现在所需要的是一位对她的话题感兴趣的聆听者，从中找到自己的价值。

她很特殊吗？不，现实生活中，类似这样的例子十分常见。

在纽约出版商格林伯举行的一次宴会上，我有幸认识了一位著名的植物学家。我从来没有和植物学家谈过话，但是我觉得他说话极有吸引力。我像入了迷似的，坐在椅子上静静听他讲有关大麻、室内花园等方面的趣事，他还告诉我一些关于廉价马铃薯的惊人事实。后来，当他知道我有个小型的室内花园时，非常热情地给我介绍了一些种植经验。

这次宴会还有十几位客人在座，可是我忽略了其他所有的人，与这位植物学家交谈了数小时之久。

时间很快到了子夜，也是我该向大家说再见的时候了，那位植物学家在主人面前大力恭维我，说我是一个趣味十足的人，很有绅士风度。

一个趣味十足的人！我？实际上我几乎没有讲话，只是在倾听。如果我们刚才所谈的话题，我们互换一下的话，即使我想说，我也说不出什么来，因为对于植物学方面的知识，我实在是知之甚少。

从开始到结束，我一直在认真地聆听，并对他所讲的植物学方面的知识产生了兴趣，他也感受到了这一点，这当然让他很高兴。专注的聆听是对他人的一种尊重。伍福特在他的《异乡人之恋》一书中写道："几乎没有人会拒绝他人在聆听中所表达的那种尊重。"

我对那位植物学家说，他讲述的知识令我受益匪浅，真希望自己与他有同样渊博的知识。我还告诉他，我期待再次见面时，能与他一起到郊外去散步。

基于此，他认为我是一位健谈的人，其实我只是善于倾听，在必要的时候给说话者一些鼓励而已。

一次成功的商业会淡的重点究竟是什么？著名学者伊利亚特说过："成功的商业交往，其实没有什么奥秘可言，就是专心聆听对方讲话。除此之外，再也没有什么可以令对方更高兴的了。"

道理就这么简单，你完全没有必要花费几年时间到大学里去学习这些东西。但我们都知道，有的商人在黄金地段租用豪华的门店，橱窗设计也很吸引人，并不惜投入大量的宣传费用，但如果他们雇用的是一些不知道倾听顾客讲话的店员，一切都是白搭。这些店员总爱打断顾客的话、与顾客争论，甚至激怒顾客，似乎要把顾客赶出大门才善罢甘休！

胡顿在我的培训班上讲了他的一段经历：

我在新泽西州纽华城的一家百货公司买了一套衣服。这套衣服穿起来实在让人失望，因上衣褪色且把衬衫领子弄黑了。

我把衣服拿回那家百货公司，找到当时与我交易的店员，讲述这一情况，每次我还没有把一句话讲完，就被那位店员打断，他不屑一顾地大声喊道："这款衣服本店已经售出数千套，你是第一位来找麻烦的人。"那个店员语气怪异，而且声音大得出奇，几乎整个商城都能听见，他的举动好像是在告诉其他顾客："你在说谎，你以为我们是好欺负的吗？哼！我就要给你点颜色看看！"

就在我们激烈争论之时，另一个店员插嘴说："所有黑色的衣服，起初都会褪一点颜色，那是无法避免的，这种价位的衣服多少都会有这样的情形，可能与布料有关系！"

我顿时火冒三丈。第一个店员怀疑我的人品；第二个店员暗示我买的是次等货，质疑我的品位。正当我恼羞成怒之时，那家百货公司的经理走了过来。

那位经理是一位很会处理矛盾且会办事的人，他使我的态度很快转变了过来，把怒发冲冠的我变成了一个满意的顾客。他是如何做的呢？他把这情形分成三个步骤：

第一，他让我从头到尾说出了事情的经过，并用心地聆听，没有插过一句话。

第二，当我讲完那些话后，那两个店员又打算开始与我争辩，而那位经理却站在我的立场上跟他们辩论起来，他说，这位先生的衬衫领子很明显是被这套衣服染黑的。他坚持表示，像这种不能令客人满意的衣服是不应该卖出去的。

第三，他承认不知道这套衣服的质量会如此之差，并坦白地对我说："您认为这套衣服如何处理才能使您满意，请尽管吩咐，我们完全依照您的意思去办。"

几分钟前，我还想把这套讨厌的衣服退掉，但听了他的话后，我很快恢复了平静，并对他说："我可以接受你的建议，我只是想知道，褪色的情形是否是暂时的，或者你们有什么办法可以使这套衣服不再继续褪色。"

他建议我把这套衣服带回去再穿一个星期，看看情况是否有所改善！他说："如果到时还有褪色的情况，我们将给您换一套满意的。对于给您带来的麻烦，希望能得到您的原谅。"

当我离开那家百货公司时，心中的怒气已经消退，并且很赞赏那位经理的处理方式。一个星期后，那套衣服没发现有任何毛病，我对那家百货公司失望的心情也荡然无存了。

难怪那位先生可以成为这家百货公司的经理，至于那些店员，如果他们不改正自己的态度，恐怕成为一位导购员的资格都不够，最好让他们去清点库存，永远别跟客人直接打交道。

一个最爱挑剔、最受指责的人，往往无法在一位有同情心的倾听者面前强硬下去！这位倾听者必须有过人的沉着与冷静。

几年前，纽约电话公司碰到了一个蛮不讲理的顾客。那个顾客用最刻薄的字眼对接线员进行咒骂。后来他又指出，电话公司制造假账单，所以他拒绝付款。同时他要投诉报社，还要向公众服务委员会提出申诉……这位顾客对电话公司提出了数起诉讼。

最后，电话公司派出了一位有着丰富经验和谈判技巧的员工，去拜访这位不讲理的顾客。这位调解员专注地倾听这位顾客的倾诉，让他尽情地发泄不满，不断地点头回答“是”，并且对他的遭遇表示同情。

这位调解员这样叙述道：

他一直不停地大发牢骚。我专注地聆听了近三个小时。没过几天，我又去拜访他，他还是没完没了地大发牢骚，我和以前一样专注地聆听。我前后访问了他四次。在第四次访问结束之前，我还参加了他成立的一个‘电话用户保障组织’。直到现在我还是这个组织的成员，不过据我所知，组织里除了那位顾客外，唯一的成员应该就是我了。

在每次访问中，我都是仔细地倾听，并对他的抱怨给予同情。自然而然，他对我的态度友善多了。我在前三次拜访他时，从来就没有提出过我找他的目的，直到最后一次拜访，我把所有的事情都圆满地解决了，他不仅付清了全部账单，而且在公众服务委员会那里撤销了对电话公司所有的投诉。

毫无疑问，这位先生表面上是在为社会公众而战，保障公众的权益不受无理的剥削，实际上他所要的是受尊重感，他由挑剔抱怨来获得这种感觉。当他从电话公司代表身上获得这种感觉后，他不切实际的挑剔也就全部消失了。

若干年前的一个早晨，一位怒不可遏的顾客闯进了德第摩尔毛呢公司总经理德第摩尔的办公室。

德第摩尔先生对我解释说：

那位顾客欠我们 15 美元，尽管他怎么也不愿承认，但我们知道错的是他，所以我们公司财务部坚持向他催缴。他接到我们财务部的几封信后，马上赶来芝加哥，怒气冲冲地闯进我的办公室，说他不但不会付那笔钱，而且以后也将停止与我们公司合作。

我耐着性子，静静地听着，好几次我几乎忍不住要与他争论，但我知道那不是最好的办法。我尽量让他发泄，最后，他的怒火慢慢平息下去了。我平静地说："我很感激你特地来芝加哥告诉我这件事，让我明白了我们财务部得罪了像你这样的客户，相信也会得罪其他很多客户，那样一来，后果就不堪设想了。现在我迫切希望你能把其中的细节讲述清楚。"

他完全没有想到我会讲出这样的话来，可能他还会感到有点失望。他来芝加哥的目的是打算与我争出个输赢，而我不但没有与他争论，反而还感谢他，提出让财务部取消那笔 15 美元的欠款，要求大家尽快忘掉这次的不愉快。我还告诉他，他是个细心的人，而且只需涉及这一笔账，但公司财务部要处理成千上万笔账，可能错在他们。

我还向他解释，我很了解他的处境，如果我遇到同样的问题，我可能会做出比他还要偏激的举动。由于他不打算再购买我们公司的货物，我又向他推荐了几家信誉不错的毛呢公司。

过去他来芝加哥时，我们经常一起共进午餐，所以那天我也请他吃饭，他勉强答应了。但午餐后，我们一起返回办公室，他下了比过去还要多的订单，我们的关系又恢复到了从前。回去以后，他仔细查看了账单，发现错误在自己。于是，他很快付清了那笔15美元的欠款，还附了一封道歉信。

后来，他的妻子生了个男孩，他给儿子取名为德第摩尔。后来他一直是我们公司的忠实主顾，我们也成为要好的朋友，直到22年后他去世。

多年前，有个荷兰籍的小男孩，家里非常贫穷，他除了放学后给一家面包店擦窗户，每周赚取5毛钱补贴家用外，还要经常提着篮子去道路两旁捡从煤车上掉下来的碎煤块。这个孩子叫爱德华·巴克，只有小学学历，可是，后来他却成为美国新闻界最成功的杂志编辑之一。他是如何做到的呢？他正是利用了专注聆听而走向成功的。在此我给大家简单地讲述他成功的经历。

巴克13岁就离开学校，在西联公司充任童役，每周的工资只有6.25美分，尽管身处困境，但他从来没有放弃追求知识的梦想。他省吃俭用，平时不坐车，不吃午餐，把钱都积攒起来，买了一部《美国的名人传记》。读完这部书后，他做了一件人们闻所未闻的事。

巴克写信给传记上的每一位名人，请求他们把童年时期的成长经历告诉他。他希望那些名人多谈谈他们自己，从这里可以看出，他是一个极其善于倾听的人。

他写信给当时正在竞选总统的加菲将军，问他是否曾在大运河上做过拉纤的童工。加菲给他写了回信，详细地回答了他的问题。接着，巴克又写信给格雷将军，询问他记载在那部名人传记上的某一次战役的情况。格雷将军回信时画了一张详细的地图，还邀请这个14岁的小男孩和自己一起吃饭，他们聊了整整一个晚上。

巴克还写信给爱默生，并请求爱默生讲述他的故事。这位原来在西联公司送信的14岁的童役，不久便和国内的许多著名人物通起信来，如爱默生、奥利弗、郎费罗、林肯夫人、谢尔曼将军和戴维斯等。

他不仅和这些名人通信，而且还利用假期去拜访其中的许多人，成为他们家里非常受欢迎的客人。巴克的这种经历，使他拥有了自信。这些名人使他树立了崇高的理想，激发了他的坚强意志，为他日后的成功打下了坚实的基础。而所有这一切，只是因为他懂得了专注聆听的艺术。

著名记者马可逊曾经采访过许多风云人物，他告诉我说："很多人不能给别人留下良好印象的原因，是因为他们不知道聆听的重要性，他们只关心自己想要说些什么，却从来不去关注别人想要说些什么。"马可逊还说："许多名人曾对他说，他们真正喜欢的不是那些善于言谈的人，而是善于倾听的人。具有这种能力的人并不多见，似乎要比其他性格好的人要少很多。"不仅名人喜欢善于倾听的人，即使普通大众也是如此。正如《读者文摘》所说："很多人去找医生，大多是想找一位倾听者而已。"

在美国南北战争打得最激烈的时候，林肯写了封信寄给伊利诺伊州春田镇的一位老朋友，邀请他来华盛顿，说有些问题需要与他讨论。当这位老朋友来到白宫时，林肯跟他谈了数小时关于是否解放黑奴的问题。林肯把对这项行动赞成和反对的各种理由都进行了详细分析，然后让这位老朋友看了一些信件和报纸上的文章，这些信件与文章有谴责林肯不能及时解放黑奴的，也有因为害怕林肯解放黑奴而谩骂他的。在数小时的谈论后，林肯和老朋友握手道别，在没有征求他任何意见的情况下，便派人把老朋友送回了伊利诺伊州。

整场谈话都是林肯一个人在说，好像只是为了抒发自己的心境，谈话令他心情舒畅了很多。这位老朋友后来回忆说，林肯需要的并不是他的建议，而是一位忠实的倾听者，以便发泄一下自己心中的苦闷。

所以，当我们在日常生活中遇到困惑或事业进展不顺时，也可以像林肯那样去做。

假如你希望别人躲避你、厌恶你、嘲笑你、讽刺你，这里告诉你一个很好的办法：永远不要长时间地倾听别人说话；永远只是谈论自己；在谈话中，如果别人有不同的意见或建议，不要等他说完，就立即打断，证明一下自己是如何聪明，你才不愿意浪费宝贵的时间去与他们胡扯。

你遇到过这种人吗？很不幸的，我遇到过。令人称奇的是，这些人中竟有一部分还是社交界的知名人士。

这种人是因令人“憎厌”而出名的，他们被自己的自私心所麻醉，所以很多人见到他们都敬而远之。

那些令人讨厌的人都自以为是地沉醉在自我欣喜中。哥伦比亚大学校长巴德勒博士说：“只知道谈论自己、为自己着想的人，简直不可救药！不管他们曾经受到过什么样的教育，他们都是没有教养的人。”

所以，如果你想成为一个谈笑风生、受人欢迎的人，就要先做一个专注的聆听者。要使别人对你感兴趣，首先要对别人感兴趣。多谈别人所喜欢的话题，鼓励他们谈谈自己的经历以及他们所取得的成就。

记住，对于与你谈话的人来说，他的需求或他所关心的问题，比对你感兴趣重要上百倍。他关注自己的牙痛，比关注死了数百万人的天灾要多得多。他关注自己身上的一颗小黑痣，比关注一次大地震要多得多。

从此刻起，如果你要别人喜欢你，给别人留下良好的印象，请记住第四个原则：

做一个善于倾听的人，鼓励别人多谈谈他自己。

了解他人的兴趣并迎合他

每一个去牡蛎湾拜访过罗斯福的人，都会被他渊博的学识所折服。勃莱福特曾经说过："无论是一个牧童或骑士，还是政客或外交家，罗斯福都知道应该跟他说些什么。"他是如何做到的呢？答案简单得令人难以置信，那就是罗斯福在接见来访的客人之前，已准备好了他们所喜爱的话题和感兴趣的事情。

罗斯福和其他具有领袖才能的人一样，知道深入人们内心的最佳途径，就是对他们讲他们真正感兴趣的事情。

耶鲁大学文学院前教授菲尔普斯早年就懂得了这个道理。他说：

8岁那年的某个周末，我去姑妈家度假。正好那天晚上有位中年人也去我姑妈做客，他与姑妈寒暄几句之后，就把注意力转到了我身上。当时我对帆船有着极大的兴趣，而那位客人谈到这个话题时，似乎也很感兴趣，我们谈得非常投机。他走之后，我对姑妈说："这人真好，他和我一样对帆船情有独钟。"姑妈告诉我，那个客人是位律师，按说他对帆船不会有兴趣的。我问："那他怎么一直跟我聊有关帆船的事呢？"

姑妈对我说："他是一位颇有修养的绅士，他知道让别人喜欢自己的方法，他见你对帆船感兴趣，就谈论能让你注意并高兴的话题。"

我永远不会忘记姑妈所讲的那些话。

当我写这一章时，我面前放着一封基尔夫先生写来的信。基尔夫先生热衷于童子军事业，他在信中写道：

我打算前往欧洲举办一次童子军夏令营活动，由于经费紧缺，我必须得到美国某家大公司的赞助。当我确定了这家公司后，在去拜访该老板前听说，他曾签出过一张百万美元的支票，随后又将这张支票撕毁作废，并装进镜框里留作纪念。因此，我走进他办公室的第一件事就是请求他让我观赏一下那张支票。我告诉他，我从没听说过有人开过百万美元的支票又将它撕毁的，我要把这件事讲给我的童子军听，并告诉他们这件事是千真万确的。随后，老板很高兴地取出那张百万元支票给我看，我一边表示羡慕，一边请求他告诉我关于这张支票的故事。

我们不难发现，基尔夫先生在拜访这家公司的老板时，对自己来访的目的只字未提，只是谈对方最感兴趣的事。结果如何呢？我们接着看基尔夫先生的来信：

那位大老板随后问我："哦，基尔夫先生，您有需要我帮助的事情吗？"于是我告诉了他我的来意。令我难以置信的是，他不但立即满足了我的要求，而且赞助的经费比我预期的还要多。之前我只是希望他能赞助一位童子军去欧洲参加活动，完全没有想到他赞助了五个，连我也被邀请在内。他还签了一张足够我们在欧洲生活七个星期的现金支票。他还替我写了介绍信，委托欧洲一些分公司的经理照顾我们。

我们出发不久，他自己也去了欧洲，并在巴黎的分公司亲自接待了我们，还带领我们游览了整个巴黎的名胜古迹。最后，他还替几个家境清贫的童子军少年介绍工作。直到现在，这位老板还在尽其所能地资助这个童子军团体。

试想一下，如果我事先没有找到这位老板感兴趣的话题，让他高兴起来，整件事情就不会进行得如此顺利了，还有可能遭到拒绝。

这种方式在商业上同样十分有效。下面我再举一个例子：

纽约一家面包公司的经理杜凡诺先生，上任4年以来，一直希望能把自己的面包分销到一家大饭店。他坚持每周都去拜访这家饭店的经理。为了与这位经理有更多的接触机会，杜凡诺经常参加该经理出席的各种社交聚会，甚至在这家饭店租了一个房间，住在那里等候这位经理，但他所有的努力全都以失败而告终。

杜凡诺先生说：

“从那以后，我开始潜心研究人际关系学，改变自己的策略，想办法找出这位经理感兴趣的事情。不久，我发现他是美国旅馆协会的会员，而且非常热心地推进这个协会的发展，后来被推举为该协会的主席。同时，他还兼任国际旅馆业联合会的会长。该协会举办的每一次活动，他都会到场，从不缺席。所以，当我再次去拜访他的时候，就让他给我讲讲该协会的一些情况，果然他对这个话题很感兴趣，滔滔不绝地给我讲了半个小时。我已明显看出，他不仅对饭店业务感兴趣，而且把毕生的精力都投到这一事业上。在我和他告别之前，他还邀请我加入他们的协会。

"那天我并没有提到面包的事，但几天后，我接到了那家饭店的主管人员的电话，让我把面包的价目表和样品送过去。

"当我走进那家饭店时，主管人员对我说：'先生，我不知道你在我们经理身上施用了什么魔法，最终还是如你所愿了。'

"我在这位经理的身上花了4年时间，结果毫无所获，如果不改变方法，找出他的兴趣所在，真不知道还要花费多少精力和时间才能促成这笔生意！"

从此刻起，如果你想要别人喜欢你，或是改善你的人际关系，请记住第五个原则：

与人交谈时，了解他们的兴趣并迎合他们。

让他人感觉到自己的重要性

我在纽约第 33 大街第 8 道的邮局里，排队等着发一封挂号信。我发现里面那个邮政人员很不喜欢自己的工作，称重量，递邮票，找零，开发票，如此单调的工作，年复一年地干下去。

于是我对自己说："要试着让这个邮政人员高兴起来，必须找出令他高兴并能给予他肯定的话题来与他聊聊。"所以我问自己："他有什么地方值得我肯定的呢?"我想，这的确是个难题，尤其对方是个素昧平生的陌生人。但我很快便有了发现，在这个满是情绪的邮政人员身上找到了一件值得称赞的事情。

轮到我办理业务时，我很热情地对邮政人员说："我真希望跟你一样有一头漂亮的好头发!"

他有些惊讶地抬起头，脸上露出愉悦的神情，很客气地说："没有以前那样好了!"我很诚恳地告诉他："或许没有过去那样有光泽，但是现在依然很漂亮。"他听了非常高兴，我们很愉快地聊了几句，在我要离开之前，他告诉我有很多人赞美过他的头发。

我敢打赌，那位邮政人员整天都会很开心。晚上下班回家，他还会跟妻子提及此事，甚至还会对着镜子欣赏自己的头发。

我曾在多次公共演讲中提及这个经历，每次讲完后便有人问我："你是不是想从那位邮政人员身上得到些什么好处？"

如果我们每个人都那么自私贪婪，在有所企图的时候就去赞美别人，那么我们在日常生活与人相处肯定是失败的。

杜威教授曾经说过："被人重视是人类最本能的欲望。"詹姆斯也说过类似的话："人类最深层的欲望，就是渴望自己被别人重视。"人和动物的区别正在于这种欲望的有无，正是这种欲望才推动了人类文明的发展。

从古至今，哲学家对人类关系学的思考从来没有停止过，他们悟出了一条真理，人类关系学的本质并没有随着时代的变迁而改变。3 000 多年前，索罗亚斯特把这条定律教给所有拜火教徒。2 400 多年前孔子就在中国宣讲过，道教始祖老子也用此教导他的门徒。释迦牟尼早在公元前 500 年就把这条定律留传人间。耶稣也把这条定律综合成一种思想。这条亘古不变的定律是："你希望别人怎样对待你，你就应该怎样去对待别人。"

无人能够例外，每个人都希望自己在日常生活中能够得到别人真诚的赞美，希望自己的价值得到认同，希望在自己的人际圈里得到别人的关注，从中获得被人重视的感觉，当然，这种重视是发自内心的，而不是虚假的奉承。你希望你的朋友和同事都能像施瓦伯所说的"真诚赞美，由衷恭维"。所有人都希望这样。

所以，我们一定要遵守这条在远古时代就被总结出来的人际交往原则：你希望别人怎样对你，你就应该怎样去对待别人。不管何时何地都要这样做。

有一次，我去无线电城询问处打听苏文的办公地址。那个穿着整洁制服的工作人员看上去文质彬彬，他很清晰地回答道："亨利·苏文（顿了顿），18楼（顿了顿），1816室。"

我正要跨进电梯，突然又想起了什么，于是走到那个工作人员面前，很有礼貌地对他说："你的回答令我十分满意，既清楚，又简洁准确，很了不起。"

他听了我的话后很高兴，满脸的成就感。他整了整领带，随后得意地告诉我他回答我的问题时中间要停顿的缘由。当我搭乘电梯上18楼时，我的心里暖暖的。快乐别人也愉悦自己这个真理千真万确。

我们不需要等自己做了外交官或工会主席的时候才去赞美别人，这个规律任何场所都适用，不要吝啬你的赞美，当你给予他人快乐时，难道你自己没有感到快乐吗？

我们在日常生活中肯定有过类似的经历，点餐时要了一份法式炸薯条，而女服务生却给你端来了土豆泥，这时，你不妨对她说："对不起，给你添麻烦了，但我更喜欢法式炸薯条。"她会愉快地回答道："一点也不麻烦。这是我们应该做的。"事情很顺利地得到了解决，这是因为她得到了我们的尊重。

平时与人交流时，多使用一些"对不起""麻烦你""请你……""你会介意吗""谢谢你"等简短的礼貌用语，不仅可以减少人与人之间的纠纷，而且容易拉近彼此间的距离，同时也彰显你的人格魅力。让我们再举个例子：

美国著名小说家霍尔·凯恩是个铁匠的儿子，因家庭贫穷，他初中没有毕业，但他在去世的时候，已经是世界上最富有的作家之一。

原来，凯恩酷爱诗歌，尤其是罗塞蒂的诗，他把罗塞蒂的诗都读了一遍，并写了一篇关于罗塞蒂诗歌的论文，高度赞扬罗塞蒂在诗歌创作上所取得的成就及贡献，然后把这篇论文邮寄给了罗塞蒂。罗塞蒂很高兴，他说："一个年轻的小伙子对我的作品竟然有如此深刻的理解，他肯定非常聪明。"

于是，罗塞蒂热情地邀请凯恩到伦敦当他的私人助手。这是凯恩人生的转折点，他在新的岗位上有了更多与文人见面的机会，同时由于他熟练掌握与人相处之道，不仅受到许多文人的悉心指导，而且在那些文化名人力荐下，声名鹊起。

现在他的故乡格里巴堡因他的声名而成了旅游胜地。他的遗产高达250万美元，可谁会知道，如果他当初没有写那篇赞赏著名诗人罗塞蒂的论文，他很有可能默默无闻地度过一生。

这就是发自内心地真诚赞美的力量，这是一种伟大的力量。

罗塞蒂认为自己的诗歌创作对世人有着巨大的贡献，这并不奇怪，几乎每个人都认为自己很重要，不可或缺。不仅个人会有这种想法，一个团体乃至一个国家都是如此。

你是否感觉自己比日本人优越？事实上，日本人以为他们比你优越得多。如果一位守旧的日本人看到你和一个日本女人跳舞，他会非常气愤。你以为你比印度人优越？你有权这样想，但他们的感觉与你完全相反。你以为你比因纽特人有智慧？你当然可以这样想，但你是不是想知道，因纽特人对你的看法又是如何呢？在他们的社会里，如果有人好吃懒做、不务正业，因纽特人就把这种人叫作“白种人”，要知道这是他们民族最恶毒、最刻薄的骂人的话。

每一个国家的人都觉得自己比别的国家的人优越，这样就容易产生民族主义和爱国热情，而这也是导致战争的根源。

在人际交往中有一个很明显的规则，那就是所有人内心都认为自己比他人优秀。如果我们要打动一个人，最有效的方法是承认对方比我们优秀。爱默生曾经说过：“凡是我们所遇到的人，都有值得我们学习的地方，我们必须虚心学习，不断超越自己。”

有些人刚刚取得成绩就不可一世，结果引起别人的反感和厌恶。莎士比亚曾经说过：“容易骄傲的人，凭借取得的一点点小成就，便在上帝面前胡作非为，天使都为之惭愧。”

下面我要告诉你关于我培训班里的三个学员的故事。他们运用这些法则并获得了惊人的成就。

第一个是康涅狄格州的律师，他不愿意公开他的名字，我们就用R先生来代替。

R先生来我的培训班没多久，有一天，他开车陪妻子去长岛拜访亲戚。到了长岛后，他的妻子要求他留下来陪老姑妈聊天，她自己则去拜访其他亲戚。R先生打算把培训班里学到的知识加以灵活应用，以便将来好写实践总结，于是他想从这位老姑妈身上开始。他朝屋子四周看了看，想知道有哪些地方是值得他赞赏的。

他问老姑妈："您这栋房子是建于1890年吗?"

"是的，"老姑妈回答，"正是那一年建造的。"

他又说："这使我想起了我出生的那栋房子，当时那栋房子很舒适，建筑结构也很合理。不过现在的人都不讲究这些了。"

"是的，"老姑妈点点头，"现在的年轻人已不讲究结实好看的房子了，他们只需要一所小公寓和一台电冰箱，再有就是一部汽车而已。"

这时老姑妈开始了怀旧，轻柔地说："这是一栋用'爱'建造成的房子。我和我的丈夫在建造之前，已梦想了很多年。我们没有请建筑师，所有设计都是由我俩完成。"

老姑妈领着R先生参观了各个房间及其丈夫的各种珍品收藏，比如法式床椅、英式古茶具、意大利名画和一幅曾经挂在法国封建时代官堡里的装饰丝帷。R先生边参观边给予真诚的赞美。

接着，老姑妈又带R先生参观了车库，车库里面停放着一辆几乎全新的高级别克汽车。

老姑妈看着那辆汽车说："这辆车子是我丈夫去世前不久为我买的，自从他去世后，我就再也没有用过它。你很会欣赏美丽的东西，我打算把它送给你!"

R先生感到很意外，婉言谢绝道："姑妈，我感谢您的好意，可是我不能接受。我们已购置了自己的汽车。您还有不少亲戚，相信他们更需要这辆汽车。”

“亲戚!”老姑妈提高声音道,“是的,我有很多亲戚,他们都希望我赶紧离开这个世界,这样他们就可以得到这部车子,可是,他们永远别想得到它。”

R先生说:“姑妈,如果您不愿意送给他们,我可以帮您把这辆成色很新的车子卖掉,这样可使您的晚年生活过得更宽裕些。”

“卖掉!”老姑妈叫了起来,“你觉得我会卖掉这辆车子吗?你想我会忍心看着陌生人开着这部车子行驶在街上?这是我丈夫特意给我买的,我做梦也没想过要卖掉它。我愿意赠送给你,是因为你懂得欣赏美丽的东西!”

R先生多次婉转地谢绝,不愿接受她的赠予,但不想再次刺伤老姑妈的感情,最后不得不收下。

这位老太太独自一人住在这栋宽敞的房子里,每天面对屋子里精致珍贵的陈设,缅怀着过去的美好。她希望有个人同她分享这一刻。她年轻时内涵气质皆佳,成为众多男士追求的对象。她曾经与心爱的人共同建造起这栋温馨的房子,并且从欧洲各地搜集了很多珍品加以装饰,让他们的生活更精致更有品位。

现在,这位老姑妈风烛残年、孤单寂寞,渴望获得一点人间的温暖,一点出自真心的赞美,但却没有人愿意给予她、满足她。于是,当她发现自己找到了的时候,就像在沙漠中发现了绿洲,使她那干涸的心灵又重新找回了生的希望,以至愿意以她珍爱的别克汽车相赠。

让我再举一个例子，这是纽约一位园艺设计家麦克乌霍的经历，他说：

在听了“如何交友和影响他人”的演讲后不久，我替纽约一位著名的法官设计园景。这位法官对园景似懂非懂，给出的许多建议都不合适。

于是，我故意转换话题对他说：“您的那几条狗都非常棒，它们应该在宠物选美大赛中获得过多次蓝丝带奖吧?”

我这句话果然有了效果，那位法官说：“是的，我特别喜欢狗，它们都非常惹人喜欢。”说完便带我参观他的狗舍。

“他花了近一个小时的时间，带我看他的狗及这些狗获得的各种奖章。最后，他还拿出有关那些狗的血统系谱，告诉我正是因为这些狗有纯正的血统，所以它们的毛色、外观都很漂亮，性格也很温顺。

接着，他问我：“你有没有孩子?”

我告诉他：“有，一个非常活泼的男孩。”

他又问我：“你的孩子喜欢狗吗?”

我说：“嗯，我相信他一定会喜欢的。”

法官点头说：“那太好了，我打算送他一只小狗。”

他还详细告诉我养狗的方法。他顿了顿，又摊开双手对我说：“这样对你讲，相信你很快会忘记的，我还是写下来吧。”他走进书房开启电脑，把要送给我的小狗的血统、系谱及喂养方法完整地打印了出来。

这位法官不仅送给我一只名贵的小狗，还浪费了一个多小时的宝贵时间。这个结果完全源于我对他的兴趣爱好和成就表示真挚的赞美。

现在让我们来看第三个例子，这也是我的培训班学员的亲身经历。

乔治·伊斯曼在著名的柯达公司担任经理的时候，发明了透明胶片，使活动电影变成了现实，因此成了著名的企业家。尽管他取得了伟大的成就，但他仍然跟普通人一样，渴望得到别人的赞赏。

数年之前，伊斯曼在罗切斯特建造伊斯曼音乐学院和基尔伯恩大剧院。他修建这个剧院是为了纪念他的母亲。当时亚当斯是优美座椅公司的经理，他希望该剧院的座椅由他们公司来设计安装。为了尽快得到这笔生意，亚当斯多次给负责该项目的经理打电话，最终约好去罗切斯特拜访伊斯曼。

亚当斯抵达后，那位项目经理郑重其事地说："我知道你很想得到这份订单，不过我要告诉你，伊斯曼先生不但工作繁忙，而且脾气也不小，如果你占用他五分钟以上的时间来谈生意，就别想得到这笔业务了。所以，你最好长话短说，快速地说明你的来意后，就请马上离开他的办公室，等候结果。"

亚当斯准备照此行事。他被秘书引进到一间办公室，只见伊斯曼正埋头处理桌上的一堆文件。伊斯曼见有人进来，抬起头摘下眼镜，对项目经理和亚当斯说："早，两位有什么需要我帮忙的吗？"

项目经理介绍他们认识后，亚当斯说："伊斯曼先生，我真的很羡慕您有这么精致漂亮的办公室。如果我拥有像您这样的一间办公室，在里面工作一定会很开心。虽然我是从事室内木工装潢的，但我从未见过这么精致漂亮的办公室。"

伊斯曼回答说："谢谢你的赞美，我几乎都忘了这件事了，这间办公室很漂亮吧，刚刚布置好的时候，我的确非常喜欢。可是现在由于工作繁忙，已经无暇顾及它了。"

亚当斯走到墙壁前，用手摸了摸办公室的壁板，问道："伊斯曼先生，这一定是用英国橡木做的吧？它和意大利橡木有着绝然不同的品质。"

伊斯曼回答说："是的，这是进口的英国橡木，是一位专门研究细木的朋友特意为我挑选的。"

随后，这位繁忙的伊斯曼老总还带领亚当斯参观室内设计，包括门窗、家具和雕刻工艺等物件。

当他们在橱窗前停下来的时候，伊斯曼和蔼地说："我近期准备捐一些钱物给罗切斯特大学和公立医院，为社会尽点责任。"亚当斯马上热情地赞颂道："您真是一位受人敬重的慈善家。"伊斯曼打开玻璃橱柜的锁，取出自己购买的第一台照相机，那是英国人发明的第一架照相机。

亚当斯问伊斯曼当初是如何在商业上打拼与奋斗的。伊斯曼感慨万千地讲起自己年少时候的故事：父亲早逝，靠母亲出租一间小的公寓来维持生活，他年龄很小的时候就在一家保险公司做小职员，每天只有50美分的薪水。他每天忍饥挨饿，立志要刻苦奋斗，出人头地，让母亲过上好日子。

在接下来的时间里，亚当斯又找了一些伊斯曼感兴趣的话题，而他始终都在认真地倾听。伊斯曼谈到自己在实验室做实验的时候，可以说是夜以继日，累了工作服都不脱，倒头就睡。

亚当斯再次走进伊斯曼办公室的时候是上午10点15分，当初那位项目经理还曾劝告他，最多只能停留五分钟，可现在两个小时都快过去了，他们仍然在交谈。

在这两个多小时的时间里，他们聊得非常愉快。最后，伊斯曼先生对亚当斯说："上次我去日本，买了几张椅子回来。我把它们放在阳台上，后来阳光把椅子上的漆晒脱了，我便买来油漆和刷子，自己动手把它们漆一遍，我感觉非常棒。对了，要不你来我家吧，我们一起共用午餐，顺便看看我的成果。"

午饭后，伊斯曼让亚当斯看了他自己漆的椅子，这些椅子每张不会超过1.5美元，但登过美国富豪榜的伊斯曼却引以为豪，只因为那是他自己油漆的。

毫无疑问，亚当斯拿到了基尔伯恩大剧院9万美元的座椅订单。从那以后，直到伊斯曼去世，他们一直是亲密的朋友。

我们应该如何使用这个技巧呢？我们又该从哪些方面下手实施它呢？为什么我们不从自己日常生活中的细节开始呢？比如从自己的亲人、朋友、同事、学生身上。

罗纳尔德·罗兰是我们的加州培训班的一名讲师，同时也负责教授美工课程。下面是他讲述的来自初级手工艺班里的学生克里斯的故事：

克里斯是个 14 岁的男孩，性格恬静、容易害羞，并且缺乏自信，他在课堂上总是默默无声，极少引起别人的注意。有一天，他在教室里埋头学习，我走过去和他说话。他的内心深处似乎燃烧着一股无形的火焰，我问他喜不喜欢我所教的课，这个害羞的男孩脸上的表情有了很大的变化。可以看出，他的情绪波动极大，极力想忍住自己的泪水。

“罗兰先生，您的意思是我表现得不够好吗?”

“啊，不！克里斯，你表现很好。”

当天上完课，克里斯走出教室的时候，用一对明亮的蓝眼睛看着我，肯定而有力地说：“谢谢您，罗兰先生!”

克里斯给我上了终生难忘的一课——我们内心深处的自尊。为了不忘记这一点，我在教室前方挂了一条标语：“你是重要的。”这样不但所有学生都能够看到，也可以随时提醒我：我所面对的每一个学生，都同等重要。

相信你的太太一定有其过人之处，至少曾经有过，不然你怎么会娶她为妻呢。可是，你已经有多久没有赞赏你的太太漂亮贤惠了呢?

有一次，我去纽白伦斯维克的米拉密契河钓鱼，独居在加拿大森林的一个小猎屋里。在那里，我每天只能读到由镇上出版的一份报纸。为了打发时间，我几乎把这份报纸上刊登的每一则新闻，甚至每一句话都认真地看过。有一天，我从这份报纸上看到了迪克斯撰写的婚姻专栏，她的专栏写得很精彩，因此我每天都把她撰写的文章剪下并保存起来。在她的文章里有这样一句话：

“我已经听厌了人们对新娘的评论，我认为应该把新郎拉到一边，给他些忠告才行。”

她的忠告是：“一位不会赞美女人的男人，最好不要结婚。一个男人在婚前赞美女性是顺理成章的事；而在结婚后还给自己的女人赞美，才是一个优秀男人必备的品质。一段幸福美满的婚姻不仅需要诚实、责任与担当，而且需要有外交的沟通手腕。”

如果你想让自己的家庭生活每天过得和谐美满，千万不要指责你的妻子治家无方，更不要拿她和你的母亲或其他人做比较，因为没有什么比这样做更能伤害到你的妻子了。

相反，你应该赞美她持家有道，而且应该这样对她说，你为自己能娶到像她那样勤劳贤惠的妻子而感到骄傲。如果她做的饭菜无法下咽，你也不必抱怨，只要对她加以暗示，今天的饭菜没有昨天的那么可口。她得到了这样的暗示后，一定会努力改善，直到你满意为止。不过，你一定要讲究方法策略，不要让她起疑心。

不妨今晚或是明天晚上，给妻子买一束芳香四溢的鲜花或一盒她爱吃的糖果，不要只是嘴巴上说说而已，一定要付诸行动，还要充满爱意地说上几句亲密的话，让她知道你很感激她所做的一切。要是每个丈夫都能这样对待自己的妻子，我相信离婚率一定会直线下降。

想让一个女人爱上你并不难，现在给大家提供一个有效的方法。这个方法不是我凭空捏造的，是我从迪克斯女士那里学来的。

有一次，迪克斯女士采访一位犯有“重婚罪”的新闻人物。他对迪克斯女士说，他曾获得过23个女人的芳心及她们所有的存款。当迪克斯女士问他如何获得这么多女人的爱慕时，他的回答是，只需要对女人谈论她们自己就可以了。

这种简单的技巧，用在男人身上也同样有效。英国最有智慧的首相迪斯雷利曾经说过："对一个男人谈论他感兴趣的话题，他会兴致勃勃地倾听数小时，并喜欢上你。"

从此刻起，如果你想要别人喜欢你，或是改善你的人际关系，请记住第六个原则：

巧妙地突出他人的自尊感。

第三章　赢得他人赞同的 12 个秘诀

◎ 永远不要与人发生争论

◎ 不要轻易指责别人的错误

◎ 敢于坦承自己的错误

◎ 从友善待人开始

◎ 让对方给予肯定的回答

◎ 处理抱怨时鼓励对方多说话

◎ 引导对方主动说出你的想法

◎ 站在对方的立场上看待问题

◎ 发挥“同情”的威力

◎ 激发他人内心的高尚动机

◎ 戏剧化地表达你的思想

◎ 无计可施时不妨试试激将法

永远不要与人发生争论

第一次世界大战结束不久，在伦敦的一个晚上，我学到了极其珍贵的一课。

当时，我是罗斯·史密斯爵士的经纪人。在战争期间，史密斯爵士是澳大利亚驻巴勒斯坦的一名出色的飞行员。宣布和平后不久，他又在30天内完成了环球飞行的惊世之举。在此之前，从来没有人有过如此壮举，因此，这件事在全世界引起了巨大的轰动。澳大利亚政府奖励了他5万美元，英国女王授予了他爵位。一时间，他成了大英帝国备受瞩目的人物。

一天晚上，我出席了一个欢迎史密斯爵士的晚宴。席间，坐在我旁边的一位先生讲了一个幽默故事，这个故事正好应验了一句格言："不管我们怎样努力，我们的结果早已注定。"那位来宾认为这句话是出自《圣经》，但他错了，我知道这句话，而且很肯定它的出处。于是，为了显示自己的优越，我主动纠正了他的错误，但他仍坚持己见："什么？出自莎士比亚？不可能！绝对不可能！这句话出自《圣经》，我敢肯定。"

这位讲故事的先生坐在我的右边，而我的老朋友弗兰克·甘蒙特就坐在我的左边，他潜心研究莎士比亚的作品已经很多年了。所以，这个讲故事的先生和我都同意把这个问题交给甘蒙特先生来裁决。甘蒙特静静地听着，在桌子底下用脚踢了我一下，然后说："戴尔，你弄错了，那句话确实出自《圣经》，这位先生是对的。"

当天晚上回家的路上，我问甘蒙特："你知道那句话出自莎士比亚的剧作，不是吗？"

"是的，当然。"他答道，"出自莎翁的作品《哈姆雷特》第五幕第二场。可是戴尔，我们是庆功宴会上的客人，为什么一定要指出别人的错误呢？这样做就能让他喜欢你吗？为什么不给别人留点面子呢？他并没有征求你的意见，而且也不需要你的意见。为什么要和他争辩呢？我们应该永远避免正面的冲突。"

这对我来说是非常必要的一课，因为我一直是一个固执、爱争论的人。年轻的时候，我对世界上的任何事物都能和哥哥展开争辩。上大学后，我学的是逻辑学和辩论，并经常参加辩论比赛。那时我还在故乡密苏里州，后来我到纽约教授辩论课程。我一度羞于承认，我还想写一本关于这方面的书呢。从那时起，我倾听并观察了几千场辩论赛，并注意到了它们的影响。最后，我得出了一个结论：天底下只有一种方法能取得辩论的胜利，那就是避免辩论。

90%的辩论结局都是参加辩论的人更加坚持自己的见解，并对此深信不疑。

你不可能在争吵中获胜。因为你吵输了，是输；你吵赢了，还是输。为什么？即使你真的胜利了，把对方驳得体无完肤，甚至证实他一无是处，然后呢？你也许会感觉很好。可他呢？你会使他感到自卑，你伤害了他的自尊心，他会记恨你。而且，就算你表面上说服了他，他心里其实还是不服。

数年前，我的培训班里来了一位学员帕特·奥哈尔先生，他没有受过什么教育，但却喜欢与人争辩。他曾经是一名司机，他来我这里是因为他正在尝试推销卡车，但并不怎么成功。我与他交谈了几句，发现他最大的问题是他总是和顾客争论，并冒犯他们。如果有人说他卖的卡车质量次，他就会恼怒地和对方争论，直到对方哑口无言。他在这些争论中赢了很多次。他后来对我说："我常在走出办公室时说：'我要让那些家伙知道我的厉害。'我确实让他们知道了，但我也没能卖给他们任何东西。"

开始我并没有教奥哈尔先生如何说话，而是训练他如何减少讲话，并避免与人争论。

现在，奥哈尔先生已经成为纽约怀特汽车公司的明星推销员。他是如何做到的？以下是他讲述的故事。

假如我现在走进人家的办公室，对方说："什么？怀特卡车……就是送给我，我也不会要的。我打算买胡佛公司的卡车。"我会说："胡佛的卡车确实很不错，如果您买他们的卡车，绝不会出错的。胡佛公司的卡车质量可靠，销售人员也很出色。"

这样一来，他就无话可说了，也就无从争吵。他说胡佛牌卡车是最好的，我表示同意。他就不得不停下来，他不可能一下午都说"它是最好的"。当我表示同意时，我们就会走出胡佛卡车的话题，然后我开始谈论怀特卡车的优点。

如果是过去，我听到他刚开始说的话，一定会火冒三丈，痛斥胡佛牌卡车的缺点。可我越说那家公司生产的卡车不好，对方就越说它好，争辩愈演愈烈，对方就越会购买我的竞争对手的产品。

现在回想起来，我奇怪我以前怎么可能会卖出东西。我浪费了多少宝贵的时间和金钱在争吵上啊！现在我要闭上嘴，这样做是值得的。

正如睿智的富兰克林所说："如果你争强好胜，喜欢争论，以反驳他人为乐趣，你也许能赢得一时的胜利，但这种胜利毫无意义，因为你永远不会得到对方的好感。"

所以，你应该考虑清楚，你是想要得到一个毫无意义的、理论上的胜利，还是人们赋予你的好感？你很难两者兼得。

《波士顿邮报》曾经刊登过一首幽默诙谐的诗：

这里躺着威廉·吉姆的身体，
他死时认为自己是正确的，
他是正确的，绝对正确的，当他匆匆而去时，
但就像他的错误一样，他已经死了。

当你与人争论时，或许你是对的，但是如果你要改变一个人的意志，这是毫无用处的，与你错了没有任何区别。

所得税顾问巴森曾经与一位政府税收稽查员为了一笔9 000美元的款项争论了一个小时。帕巴森指出，这9 000美元实际上已经是一笔无法收回的坏账，因此不应该征税。"坏账？不可能！"那位稽查员反对道，"这笔钱必须交税。"

“这位稽查员十分冷酷、傲慢和固执。”巴森在培训班上讲述事情的经过时说，“我们一直在说废话，争得越久，他越固执，所以我决定避免与他争论，转换话题，给他一些赞赏。

“我由衷地说：‘我相信，与您所要处理的其他重要事情相比，这件事简直不值一提。我的税务知识是自学的，只是从书本上获得的知识，而您的经验和知识都是来自实践。我经常希望做您那样的工作，这样就能学习到很多东西了。’

“听了我的话，那位稽查员挺了挺腰，斜靠在椅背上，兴奋地谈起他的工作来。他告诉我，他曾揭穿许多在税务上巧妙舞弊的花招。他的语气渐渐变得友好起来，接着又谈起了他的孩子。临走的时候，他对我说，他回去后再把这个问题深入考虑一下，过几天给我答复。

“三天后，他打电话到我的办公室，告诉我他决定等钱完全收回后再做打算。”

这位税收稽查员的行为说明了人性中一个普遍的弱点，即对自尊的渴望。巴森与他争辩，他就大声地反驳以显示他的权威，而当他的地位得到承认时，争论也就停止了。由于他的“自我”已得到认可，他就变成了一个富有同情心的和善之人。

释迦牟尼说：“仇恨的终结不是仇恨，而是爱。”误会永远不会因争辩而解开。只有巧妙地交流与沟通，体谅他人的立场才能使误会消除。

林肯曾经在责备一位经常与同事激烈争吵的年轻军官时说：“想要成功的人，是不会花时间去与人争论的。因为争论的结果是他无法承担的，包括脾气变坏和丧失自制力。当你和别人各自都有正确的地方时，不妨多做些让步。即使你完全正确，也不妨做些让步，哪怕少让一些。与其和狗争道而被狗咬伤，不如让狗先走一步。因为即使把这只狗打死，也治不好你的伤口。”

在一篇名为《点点滴滴》的文章中，我们可以学习到一些如何避免因意见不同而争论的建议：

1. 欢迎不同的意见。记住，“当两个合作者总是意见一致时，其中一人就不再需要了”。假如你考虑得不够周全，有人向你提出来了，你应该表示感谢。这种不同的意见往往可以让你避免犯严重的错误。

2. 切忌以直觉行事。一旦有人提出反对意见，我们的第一反应，也是自然反应，就是自卫。对此，我们一定要小心，警惕自己的直觉反应，保持平常心。因为直觉有时很可能是我们的致命错误，而不是最佳决策。

3. 学会克制自己。一个人在什么情况下会发脾气，可以说明他的气量和成就会有多大。

4. 学会倾听。给别人机会说出他的想法，哪怕是反对意见。让对方把话说完，不要下意识抵制、自卫或争论，以免加深矛盾。我们要努力建立沟通的桥梁，而不是加深误解。

5. 寻找共同之处。听完别人的反对意见，首先要想想哪些意见是你可以赞同的。

6. 真诚待人。真诚地承认自己的错误，并就自己的错误向对方道歉，这样做有助于解除别人的武装，减少他们的防卫。

7. 慎重考虑别人的反对意见。当你这样做的时候，一定要发自内心。别人的反对意见很可能是正确的，因此，认真考虑这些意见是明智的选择。否则，对方会说：“我早就告诉过你，可你就是听不进去！”那时你可就颜面扫地了。

8. 感谢别人的关心。只要一个人愿意花时间表达他的不同意见，他一定是和你一样，关心这件事情。学会把这种不同意见当作一种帮助，你也许能够将反对你的人变成你的朋友。

9. 三思而后行。建议你在当天稍晚些时间，或次日再开会讨论，把问题考虑清楚。

在准备下次会议时，不妨问问自己以下问题：

别人的意见是不是对的？或者部分是对的？

对方的立场和论点是否站得住脚？

我的反应是在解决问题，还是出于自尊心而不愿接受对方的意见？

我的反应是让反对者亲近我，还是让他们更加远离我？

我的反应是否能够提高别人对我的评价？

我会成功，还是会失败？如果我能成功，代价是什么？

如果我不说话，反对者的意见就会消失吗？

这是不是我的一个新机会？

杰恩·皮尔斯是一名男高音歌唱家，结婚将近50年。有一次，他说：“我和妻子很早以前就订下一条协议，不论我们如何不满对方，都必须遵守这条协议——当一个人大吼大叫的时候，另一个人应该安静地听着，因为当两个人都大吼大叫时，就毫无沟通可言了，有的只是噪声和震动。”

所以，赢得他人赞同的第一个秘诀：

避免争辩，争辩永远没有赢家

不要轻易指责别人的错误

当西奥多·罗斯福入主白宫的时候，他曾这样承认，如果他有 75% 的时候是对的，那就达到了他的最高期望标准。

这一标准是 20 世纪一位如此杰出的人物所希望达到的，你我又该如何呢？

如果你能确定你有 55% 的时候是对的，你大可以到华尔街去，一天赚 100 万美元。反过来，如果你没有这样的把握，又凭什么指责别人错了？

你可以用神态、声调或是手势，告诉一个人他错了，就像我们说话一样有效，但是，你以为他会感激你吗？不，永远不会！因为你直接打击了他的智力、判断、自信、自尊，他不但不会改变他的意志，而且还会想要发起反击。如果你运用柏拉图、康德的逻辑来和他理论，他还是不会改变自己的看法，因为你已经伤了他的自尊。

千万不要这样说："你不承认自己有错，我拿证据来给你看。"这话等于是说："我比你聪明，我要用事实来纠正你的错误。"

这无异于一种挑战，只会引起对方的反感，你不必再开口，他已准备接受你的挑战。即使你使用最温和的措辞，要改变别人的意志也是极不容易的，何况处于这种极不自然的情况下，你为什么不阻止自己呢？

如果你要纠正某人的错误，最好不要声张宣扬，而要讲究策略技巧，不要让任何人看出来，要使对方在不知不觉中接受你的观点。就像吉斯爵士对儿子说的："我们要比别人聪明，可是你不能告诉他你比他聪明。"

人们的观念随时都在改变。20年前我认为对的事，现在看来却似乎是不对的。甚至在研读爱因斯坦的理论时，我也开始存有怀疑的态度。再过20年，我或许不相信自己在这本书上所写的东西。现在我对任何事情都不像从前那样敢于确定。苏格拉底屡次对他的门徒说："我所知道的只有一件事，那就是我什么也不知道。"

我可不敢奢望自己比苏格拉底更聪明，所以我也尽量避免告诉别人说他错了。同时我也觉得，这样做确实对我有益。

如果有人说了一句你认为错误的话，你知道他是说错了，但这样说似乎比较好一些："好吧，让我们来探讨一下……可是我有另一种看法，当然也许是不对的，因为我也经常犯错，如果我错了，还请你指正……现在让我们来看看问题所在。"

哈罗德·伦克是蒙大拿州比林斯县的道奇汽车代理商，他对此便深有体会。他说，销售汽车的压力很大，因此，面对顾客的抱怨，他常常会显得冷酷无情，由此造成了许多误会和冲突，不仅使生意受损，而且产生了很多的不愉快。"发现这一点后，我开始尝试使用另一种办法。我会说：'实在抱歉，我们确实犯了不少错误。对于您的车子，我们也难免犯错，请如实告诉我！'"

这种说话方式，很容易消除与顾客之间的冲突，顾客气消了之后，通常会变得通情达理，事情也就容易解决了。很多顾客还因为哈罗德·伦克愿意谅解他们的无理而满怀感激，有的顾客甚至介绍自己的朋友前来买车。在竞争激烈的汽车市场，这样的顾客无疑是他最需要的。可以说，尊重顾客的意见，并以各种灵活和礼貌的方式加以处理，就一定能够取得成功。

承认自己可能错了，永远不会给你惹来麻烦。即使科学家也是如此。

有一次，我去访问史蒂文森，他是一名科学家，也是一名探险家，曾在北极圈一带住了 11 年。其中有 6 年，他除了水和肉外，吃不到其他任何东西。他告诉我，他正在进行一项实验。我问他这项实验是为了求证什么。他的回答使我永远无法忘记，他说："一个科学家，永远不敢求证些什么，我只是在试着去寻求事实。"

你希望自己的思想科学化，是不是？是的，除了你自己之外，没有任何人能阻止你。如果你承认自己随时都有可能犯错，就能免去一切麻烦，也不需要和任何人辩论了。而别人受到你的影响，也会承认他自己难免犯错误。

如果你知道某人确实犯了错误，而你直率地告诉他、指责他，会有什么后果呢？下面我们来看一个特殊的例子。

S 君是纽约一位年轻的律师，最近在美国最高法院辩护一起重要案件，这起案件牵涉到一笔巨款和一个重要的法律问题。

在辩护过程中，一位法官对S君说："《海事法》规定申诉期限是6年，是不是？"

S君沉默片刻，注视法官良久，然后说："法官阁下，《海事法》中并没有这样的限制条文。"

S君在培训班中叙述当时的情形说："当我说出这话后，整个法庭顿时沉默下来，气温似乎在刹那间降到了零度。我是对的，法官是错的，而我也告诉了他。可是，他是不是会对我友善？不。尽管我相信法律可以作为我的后盾，而且我也清楚地知道我那次讲得比以往任何时候都要好，但我并没有说服那位法官。我犯了一个大错，当众指出一位学识渊博、深孚众望的人物错了。"

很少人会进行逻辑思考，我们大多数人都怀有成见，彼此间为嫉妒、猜疑、恐惧和傲慢所毁伤。很多人不愿意改变自己的信仰、意志，甚至包括发型。所以，假如你准备告诉别人他错了，请你在每天早餐前，把这段摘自詹姆斯·哈维·鲁宾孙教授的著作《决策的过程》中的一段文字读一遍：

"我们有时发现自己会毫无抵抗或反感地改变自己的意念。但是，如果有人指出我们所犯的错误，我们却会感到懊恼和生气。我们不会特别在意自己的某些意念，但是，当有人要指正这些意念时，我们反而会极力维护它。并非我们对那份意念有着强烈的偏爱，而是我们的自尊心受到了伤害。"

在人与人之间，"我的"是最重要的措辞。恰当地运用这两个字，是一个充满智慧的开端。无论是"我的"饭、"我的"狗、

“我的”屋子、“我的”父亲，还是“我的”上帝，都有着同样的力量。

我们不仅反感有人指出我们的手表不准，或是汽车太旧，也不喜欢有人纠正我们对于火星上水道的知识，对于Epictetus的读音，对于水杨素药效的认识，对于一件自己认为“对”的事情，我们总是乐意继续相信它。如果有人对我们产生某种怀疑，就会激起我们强烈的反感，并促使我们寻找各种理由来进行辩护。结果呢，我们所谓的理智就变成了维系我们惯于相信的事物的借口。

著名心理学家卡尔·罗吉斯在其著作《如何做人》中写道：“当我尝试了解别人的时候，发现这实在是太有意义了。也许你会对我这样说感到奇怪。我们真的有必要这样做吗？我个人认为这是很有必要的。当我们听别人说话的时候，第一反应通常是进行判断或评价，而不是理解这些话。当别人说出他的某种感觉、态度或者信念的时候，我们总是会做出各种判断：‘不错’‘太可笑了’‘这正常吗’‘这不合乎情理’‘这太离谱了’‘这样做不对’……而很少去真正了解这些话对别人有什么意义。”

有一次，我请了一个室内装潢师替我配置一套窗帘，等到账单送来，我被吓了一跳。

几天后，有位朋友来我家看到那套窗帘，问了问价钱，然后他带着得意的口气大叫道：“什么？这太不像话了，恐怕是你自己不小心，被人骗了吧！”

事实果真如此吗？是的，她说的都是事实，但人们通常不愿意听到这类实话。所以，我竭力为自己辩护，说：“好货不便宜，便宜没好货，我们不可能用便宜的价格买到既品质优良，又富有艺术特色的东西。”

第二天，又有一位朋友来到我家中，她对那套窗帘诚恳地加以赞赏，并且表示她也希望自己有能力给家里买一套这么精致的窗帘。我听了她的话，跟昨天的反应完全不一样，我说：“说实话，这套窗帘价格太贵了，我现在有点后悔。”

当我们犯错的时候，或许我们会对自己承认——如果对方能给我们承认的机会，我们会非常感激；不用对方说，极自然地我们就承认了。如果有人硬把难以下咽的东西往我们的嘴里塞下去，我们是无法接受的。

美国内战时期，著名的舆论家赫雷斯·格利雷与林肯政见不合，他以为运用嘲笑、谩骂的争辩方式可以让林肯接受他的意见，使林肯屈服。于是，他连续不断地攻击林肯，日复一日，年复一年，就在林肯遇刺的当天晚上，他还写了一篇粗鲁、刻薄的文章来嘲弄林肯。

这些尖刻的攻击能使林肯屈服吗？不，永远不能！

如果你想知道如何与人相处，如何管理自己，又如何改善自己的人性、品格，可以看看《富兰克林自传》。这是一部趣味十足的传记，也是一部美国文学名著。在这部自传中，富兰克林讲述了他如何改掉好争辩的陋习，从而成为美国历史上最能干、最和蔼、最善于外交的人物。

当富兰克林还是一个行事冒失的年轻人时，有一天，一位教友会的老教友把他叫到一边，狠狠地训了他一顿。

“朋友，”这位老教友说道，“你真是不可救药，你攻击与你意见不合的人。现在已经没有哪个人会在乎你的意见。你的朋友发觉你不在场时，他们会获得更多的快乐。你知道得太多了，以至于再也不会有人教你任何东西，也不会有人愿意做这种费力不讨好的事情。所以，你除了现在极为有限的知识外，不会知道得更多了。”

据我所知，富兰克林之所以能够成功，还要归功于他勇于接受尖刻责备的态度。当时富兰克林的年纪已经不小，有足够的智慧来领悟其中的道理。他知道，如果不痛改前非，他将面临前途和社交失败的危险。所以，他彻底改变了自己过去骄傲、固执的态度。

富兰克林说：“我规定自己，假如想法与他人不同，我不会武断地坚持自己的见解——凡有肯定意味的字句，如‘当然’‘无疑’等字眼，我都改用‘我推断’‘我揣测’，或者是‘我想象’等字眼来替代。当别人肯定地指出我的错误时，我不会立刻就反驳对方，而是给予婉转的回答——‘在某种情形下，你的意见是对的，但是现在可能有点不同……’

“不久，我就感觉到由于自己态度改变所带来的好处——我参加任何一处谈话的时候，感到气氛更融洽、更愉快了。我谦逊地提出自己的见解，他们会快速地接受，很少有反对的。当人们指出我的错误时，我也不感到懊恼。当我碰巧对的时候，更容易劝阻他们不要固执己见，而接受我的见解。

“起初尝试这种做法时，‘自我’很激烈地趋向敌对和反抗，后来便很自然地形成了习惯。在过去50年中，可能没有人听我说出过一句武断的话。在我看来，那是由于这种习惯的养成，使我提议新法案或修改旧条文时，都得到了人们热烈的支持。我不善于演讲，也没有什么口才，用字艰涩，说出来的话也不得体，但我大部分的见解都能赢得广泛的支持。”

富兰克林的方法用在商业上又会如何呢？下面我们来看几个例子。

纽约自由街114号的马霍尼出售煤油业特用的设备。有一次，长岛的一位老主顾向他预订了一批货，这批货的制造图样已呈请批准，机件已开始制造，这时一件不幸的事情突然发生了。

这位老主顾跟他的朋友们谈起这件事，那些朋友提出了多种见解和主意，有的说太宽太短，有的说这个那个。他听了朋友们的话，顿时烦躁不安起来，于是马上打了个电话给马霍尼，说他准备拒绝接受那批正在制造中的机件设备。

马霍尼先生描述当时的情形说：“我很细心地检查了一遍，发现我们并没有错误——我知道这是由于他和他的朋友们不清楚这些机件的制造过程。但是，如果我直率地指出他的错误，不仅不恰当，反而会危及这项业务的进展。于是我亲自去了一趟长岛——我刚进他的办公室，他就从座椅上跳起来，指着我声色俱厉，好像要跟我打架似的。最后他说：‘现在你打算怎么办？’

“我心平气和地告诉他，无论他有什么打算，我都可以照办不误。我对他说：‘您是出钱的人，当然要给您适用的东西。如果您认为您是对的，请您再给我一张图样——尽管为了进行这项工作，我们已花了2 000美元。但我情愿牺牲这2 000美元，把正在进行的工作取消，重新开始。

“‘不过，我必须把话说清楚，如果我们按照您现在给我的图样制造，一旦出现任何差错，责任都在您，我们不需要负任何责任。而如果按照我们的计划进行制作，出现任何差错，则由我们全部负责。’

“他听了我的话，怒火似乎渐渐平息下来，最后他说：‘好吧，照常进行好了，如果有什么不对的话，但愿上帝帮助你。’结果证明我们是对的，现在他又向我们订了两批货。

“当那位主顾侮辱我、指责我不懂自己的业务时，我努力克制自己，尽量不与对方争论。这需要有极大的自制力，但我做到了，结果证明这是值得的。

“如果我当时指出那是他的错误，并与他争论，说不定还会向法院提出诉讼。结果不仅使双方产生恶感并造成经济上的损失，同时也会让我们失去一个重要的客户。我深深地体会到，如果直接地指出别人的错误，经常会得不偿失。”

让我们再来看第二个例子——别忘了，我所举的例子，你随时都可能会遇到！

克劳雷是纽约泰洛木厂的一名推销员，这些年来他一直在指出那些脾气大的木料检验员的错误，并且经常在争论中获胜，但是他没有从中得到一点好处。而且正是由于他好争辩，使得他的两家木厂损失了上万美元。后来他参加我的培训班后，决定改变方法，不再与人争辩。结果如何呢？下面是他的叙述。

一天早晨，我办公室的电话铃响了，一个愤怒的顾客在电话中说，我们送去的木材完全不符合要求。他的工厂已停止卸货，并要求我们立即把这些木材从他们那里运走。因为当他们卸下1/4的木材后，他们的木料检验员说木材有55%不合格，在这种情况下，他们拒绝收货。

得知这一情形后，我马上动身去了他的工厂。在路上，我一直在思考怎样做才是处理这种情况的最佳方法。以往遇到这种情形，我会引证木材等级的规则，同时以自己担任检验员的经验和知识来说明对方。我有充分的自信，木材确实是合乎标准的，只是在他检验时误解了规则。不过，我还是运用了从培训班所学到的原则。

到了那家工厂，我看到采购经理和检验员的神色都很不友善，似乎已准备好要跟我交涉、谈判。我来到他们卸货的地方，要求他们继续卸货，以便让我看看问题出在什么地方。我请那位检验员把合格的木材放在一边，不合格的放在另一边。

看了一阵子后，我发现他的检验似乎过于严格，而且弄错了规则。这次的木材是白松，我知道这位检验员对于硬木知识丰富，但对眼前的白松并不是很内行。至于我，则对白松了如指掌。但是，我并未对那位检验员表现出不友好的态度。我只注意他如何检验，试探地问他有些木材不合格的原因是什么。我没有丝毫暗示并指出他弄错了。

我以友好合作的态度跟他交谈，同时还称赞他谨慎、能干，说他找出不合格的木材来是对的。这样一来，我们之间的紧张气氛渐渐消失了，接着就变得融洽起来。有时我会极自然地插进一句——那是经过郑重考虑过的话，使他觉得那些不合格的木材实际上有些还是符合标准的。但我说得很含蓄、小心，让他明白我不是故意这样说的。

渐渐地，他的态度改变了！最后他向我承认，他对白松并没有多少经验，并开始向我讨教各种问题。于是，我向他解释怎样才算是一块合乎标准的木材，但我也坚持说，如果木材不合乎他们的需要，他们可以拒绝收货。最后，他发现错误在他自己，原因是他们并没有提前说明需要上好的木材。

我走后，这位检验员将全车的木材又检查了一遍，并全部接收下来，同时我也收到了一张全额支票。

从这件事看来，任何事情只要运用若干技巧，并不需要告诉对方他是如何错了。对我来讲，我替公司挽回了一笔损失，而双方所留下的好感，就不是用金钱所能估量的了。

凯瑟琳·奥尔雷德是北卡罗来纳州一家纺纱厂的工程总监。下面是她处理敏感问题的亲身经历。

凯瑟琳的工作内容包括制定并实施奖励制度和考核标准。一般来说，操作员生产的纱线越多，挣的钱也就越多。之前，这家生产厂只生产两三种纱线，因此这套制度一直十分有效。但是，近来他们扩大了库存和产能，同时生产12种不同的产品。现行制度渐渐不再适用了，它无法做到公平地奖励操作员，也不能有效地激励他们的生产效率。为此，凯瑟琳制定了一套以操作员生产的纱线等级作为奖励标准的新制度。她带着新制度找到管理层的人员，决定向他们证明这一标准的有效性。她指出了他们的失误，表明目前的考核标准对操作员不公平，而她找到了有效的解决方式，制定了新的方案。但结果十分糟糕。出于捍卫新制度的心理，她丝毫不留情面，以至于双方陷入僵持局面。

后来，凯瑟琳在我的培训班上了几次课，终于意识到了自己的错误。她再次找到管理层，首先询问他们觉得哪些地方有可能出问题。在深入探讨各个环节后，她问他们准备从哪里开始着手处理。接着，她找了个恰当的时机，不露声色地提出了几个建议，他们跟着她的思路，得出了和她此前相同的结论。最后，她的新方案顺利通过。

通过这件事，凯瑟琳意识到，直截了当地指出对方的错误毫无益处，还有可能引发种种恶果。这样做唯一的收获就是践踏了对方的自尊，使自己在任何场合都不受欢迎。

我在这里并没有讲什么新道理。19 世纪以前，耶稣曾经这样说过："尽快与你的反对者握手言和。"换言之，不要跟你的顾客、配偶或是对手争辩，不要指责他们错了，也不要激怒他们，不妨用点外交手腕。

所以，赢得他人赞同的第二个秘诀：

尊重他人的意见，永远不要指责别人的错误。

敢于坦承自己的错误

我住在纽约这个大都市的中心区，从我家步行不到一分钟就有一片树林。春天来到时，树林里野花盛开，松鼠在那里筑巢生子，马尾草长得与马头齐高。人们把这片完整的原始林地叫作“森林公园”。

我经常带着我的波士顿哈巴狗雷克斯到森林公园散步。这是一条可爱驯良的小狗，由于公园里很少看到人，所以我带它散步时，没给它系上狗链或戴口笼。

有一天，我和雷克斯在公园里遇到了一位骑马的警察——一个急于要显示自己权威的警察。

他大声对我说：“你不给狗戴口笼，不系链子，让它在公园里乱跑，难道你不知道这是违法的吗?”

我柔和地回答说：“是的，我知道，不过我想它不至于在这里伤害人。”

那个警察头颈挺得硬硬地说：“你想不至于！法律可不管你怎么想——你的狗会伤害这里的松鼠，也会咬伤来这里的儿童。

这次就算了，下次如果我再看到你的狗不拴链子、不戴口笼，你就必须去向法官解释了。”

我点点头，小心客气地答应遵守他的命令。

我确实遵守了那个警察的话，但只遵守了几次，原因是雷克斯不喜欢在嘴上套一个口笼，我也不喜欢给它戴上，所以我们决定碰碰运气。起初安然无事，不过，我终于还是碰了一个钉子。一天下午，我带着雷克斯跑到一座小山上，朝前面看去，一眼就看到了那个骑马的警察——雷克斯当然不会知道怎么回事，它在我前面蹦蹦跳跳，直往警察那边冲去。

这次我知道麻烦大了，所以不等那个警察开口，我就“先发制人”——我说：“警官，我愿意接受您的处罚，因为您上次已警告过我，在这个公园里，狗嘴上不戴口笼是触犯法律的。”

然而，那个警察却用柔和的口气说：“哦……我也知道在没有人的时候，谁都忍不住想带着这样一条狗来公园里走走！”

我苦笑了一下，说：“是的，那真是一种诱惑，只是我已经触犯了法律。”

警察反而替我辩护说：“像这样的一条哈巴狗，不可能会伤害人的。”

我却显得很认真地说：“可是，它可能会伤害松鼠！”

警察对我说：“那是你把事情看得太严重了。我告诉你怎么办，你只要让这条小狗跑过那座山丘，别让我看到它，这件事也就算了。”

这个警察和普通人一样，也渴望得到别人的重视。当我自己承认错误时，他唯一能提升他的自尊的方法，就是采取一种宽大的态度，以显示他的仁慈。

如果我当时为自己辩护的话，结果可能就跟现在完全相反了。

我没有与他辩论，并且承认他是完全正确的，而我是绝对错误的。我迅速、坦白地承认自己的错误，站在他的立场上说话，于是他也替我分辩，这件事由此圆满地结束了。这个警察上次用法律来吓唬我，而这次却宽恕了我。

假如我们知道自己一定要受到责罚，何不积极主动地认错呢？难道自己责备自己，不比受到别人的批评要好受得多？

如果你在别人责备你之前，很快地找个机会承认自己的错误，把对方想要说的话说出来，他也就没有话可说了，你很可能会获得他的谅解，正如那个骑马的警察对待我和雷克斯一样。

费迪南·沃伦是一位商业艺术家，他曾用这种方法获得了一个粗鲁无礼的顾客的信任与好感。他在回忆这件事的经过时说：

在替广告商或出版商绘画时，最重要的是简洁明快。有些美术编辑要求马上完成他们交来的工作。在这种情形下，很难避免若干轻微的错误。我认识的某位美术主任，总喜欢挑剔找错。每次离开他的办公室，我都感到很不愉快，这并非由于他的批评和挑剔，而是因为他指出的问题并不恰当。

最近，我交了一幅十万火急、仓促完稿的画稿给他，很快便接到他的电话，要求我马上去他的办公室——果然不出我所料，他一脸怒容，看样子准备狠狠地批评我一顿。我突然想起在培训班里学到的自我认错的方法，赶紧说道：“先生，我知道您会不高兴，那是我无可宽恕的疏忽。我替您作画这么多年，应该知道如何做才能更好一些。我感到非常惭愧!"

没想到那位美术主任听了却开始替我分辩说:"是的，话虽如此，不过还不算太坏……只是……"

我打断他的话，说:"不管错误的程度如何，都会有所影响，让人生气……"

他想要插嘴，可是我没有给他机会。这是我有生以来第一次批评自己，我很乐意这么做。

我接着又说:"我今后应该更小心才是，您平时照顾了我不少生意，您应该得到您满意的东西……这幅画我带回去，重新画一张。"

他摇摇头说:"不，不……我不想那样麻烦你……"他开始称赞我，很实在地对我说，他所要求的只是一个小小的改动。他又指出，这一点小错误不会使他们公司的利益受到损害。他还说，那是一个极为细微的错误，不值得担心。

由于我急切地进行自我批评，他的怒气全消了。最后，他还请我吃了午饭，当我们分手的时候，他签了一张支票给我，并委托给我另外一项工作。

勇于认错可以让人产生自豪感。同时，它还能够减轻自己的内疚和对方的防备，并弥补错误引发的后果。

新墨西哥州的布鲁斯·哈维因一时失误，给一位休病假的员工签发了全额工资。当他发现后，马上通知了这名员工，表示需要在下个月的工资中扣除误发的工资。但那名员工说自己近期经济上有些困难，请求过一段时间再还钱。哈维经过考虑，决定试试能否得到上级主管的同意。“我心里很明白，”哈维说，“老板如果知道这件事，肯定会非常生气。我不知道怎样才能化解这次危机，但问题是我造成的，我必须承担责任，向老板承认自己的过失。

“进入老板的办公室后，我对他说我犯了一个错误，并详细说明了事情的经过。他十分愤怒地说这是人事部的问题。我强调这是我的错，他又大骂会计部不负责任。我再次申明错误在我，这时老板又开始责怪办公室里的另外两个人。我坚持说后果应该由我一人承担。最后，他看着我说：‘好吧，这确实是你的错。现在给我改正过来。’就这样，我弥补了自己犯下的错误，而没有使其他人受到牵连。我很高兴自己独立化解了危机，而没有找任何借口。自那以后，老板更加尊重我了。”

一个愚蠢的人，总会极力为自己的过错辩护。而一个敢于承认错误的人，却能够获得别人的谅解，给人以谦恭、高尚的感觉。下面我们来看一个例子。

据历史记载，当年美国南方李将军所做的一件最完美的事，就是他把毕克德进攻葛底斯堡的失败完全归咎于自己，并为此而自责。

毕克德的那次进攻战，是西方历史中最光荣显赫的一次战斗。毕克德本人风度翩翩，长得非常英俊。他长发披肩，而且像拿破仑在意大利的战役中一样，几乎每天都在战场上忙着写他那热烈的情书。

在那惨痛的7月的一个下午，他得意地骑着马冲向联军阵线，其英武的姿态赢得了将士们的一致喝彩。他们追随着他向前挺进，一路上浩浩荡荡，军旗飞扬。北方联军远远朝这边看来，对于这样的一支队伍，也禁不住低声惊叹。

毕克德率领军队迅速往前推进，他们穿过果园和农田，踏过草地，越过山峡……尽管北方联军的炮火朝他们猛烈地袭来，但他们毫不退缩，勇往直前。突然，埋伏在山背石墙隐秘处的北方联军从后面蜂拥而出，用枪炮射击行进中的毫无准备的毕克德军队，山顶烈火熊熊，犹如火山爆发。几分钟内，毕克德率领的5 000人的大军几乎有80%都倒下了。

阿密斯丹旅长率领残余的军队拼死冲杀，他用刀尖挑起军帽，大声喊道："弟兄们，杀啊!"

顿时，军队士气大增，他们跳过石墙，短兵相接，一阵肉搏战后，他们终于把南方军队的战旗竖立在那座山顶上。

战旗飘扬在山顶，尽管时间极为短暂，但却记录了南方盟军的辉煌战功。

毕克德在这场战斗中虽然获得了人们的赞誉，但这最后的冲刺也是他失败的开始！因为他知道他已经无法深入北方。

南军失败了！

李将军受到了沉重的打击，他怀着悲痛、懊丧的心情向南方同盟政府总统戴维斯提出辞呈，请他另派"年富力强的人"前来领军。

如果李将军想把毕克德的惨败归罪于别人，他完全可以找出几十个借口来——有些师长不尽职；马队后援太迟，不能及时协助步兵进攻；等等。

但是，李将军没有将罪责归于别人。当毕克德率领残军从前线退回南方时，李将军只身单骑去迎接他们，并令人敬畏地自责道："这都是我的过错。我一个人在这场战斗中战败了。"

载入历史的名将中，很少人有这种勇气和胸怀承认自己的错误。

麦克·庄是香港卡耐基课程的一名教师。他说，中国文化所导致的一些特殊问题，或者某些时候运用某个原则，有可能比遵守一个古老的传统更加有效。

他的班上有位中年人，因为以前吸鸦片，他的儿子已经很多年没有理过他了。不过，他现在已经戒掉了烟瘾。按照中国的传统，长辈不可能先认错。这位中年人认为，如果想要父子和好，儿子必须采取主动。但是，刚来上课时，他在班里谈到他从未见过自己的孙辈，内心十分渴望与儿子团聚。他的同学都是中国人，因此很了解他的想法与传统之间的冲突。这位父亲认为晚辈应该尊敬长辈，他自己不让步是对的，一定要他的儿子先来找他。

不过，课程快要结束的时候，这位父亲完全改变了自己的看法。"我认真考虑了这个问题，"他说，"戴尔·卡耐基先生说：'如果你错了，应该马上并且明确地承认你的错误。'尽管我已经错过了最快地承认错误的时机，但是，我仍然可以明确地承认自己的错误。我错怪了儿子。他不来看望我，甚至赶我走，完全是合乎情理的。我要去请求年轻人原谅我，这样做虽然很失面子，但犯错的是我，我有责任承认错误。"

班里的同学都对他报以热烈的掌声，并且完全赞同他、支持他。在接下来的一堂课中，他提到他怎样到儿子家里，请求并得到了原谅，开始和他的儿子、儿媳妇以及终于见面的孙子孙女们建立了亲情的桥梁。

阿尔伯特·哈伯德的作品具有很强的煽动性，他那讥讽性的文字常常引起人们对他的反感和不满。可是，哈伯德拥有一套特殊的待人处世技巧，他善于将一个敌人变成自己的朋友。

例如，当一些愤怒的读者写信来批评他的作品时，哈伯德会这样回答对方："是的，我细想之后，发现我自己也无法完全赞同自己。我昨天所写的东西，今天也许就不以为然了。我很想知道你对这个问题的看法。下次你到附近来的时候，欢迎你来我这里谈谈，我们可以相互交流。"

如果你接到这样一封信，你还能说些什么?

如果我们是对的，我们可以巧妙婉转地让别人赞同我们的观点。可是，如果我们是错的，我们就要快速、坦率地承认自己的错误。这不但能产生惊人的效果，而且在许多情形下比替自己辩护更为有利。

请记住这句话："用争夺的方法，你永远无法得到满足。可是，当你谦让的时候，你的收获会比你所期望的更多。"

所以，赢得他人赞同的第三个秘诀：

如果你错了，请迅速坦承自己的错误。

从友善待人开始

当你在盛怒之下对人发了一通脾气，对你来说固然发泄了心头的气愤，但别人又会怎样呢？他能分享你的轻松和快乐？你那挑战的语气、仇视的态度，他能受得了吗？

威尔逊总统曾经说过："如果你满怀怒气、握紧了拳头来找我，那我的拳头会握得更紧。但是，如果你能来到我这里，坐下来和我真诚地交换观点，看看造成此事的原因何在，那么，我们不久就会感到双方的意见分歧并没有想象中的大，共同点也会随之增加。"所以，很多时候，只要我们互有诚意，真心地想要解决问题，态度诚恳而友善，我们之间就没有什么不可能解决的问题。

约翰·洛克菲勒对威尔逊总统的话极为赞赏。

1915年，美国发生了历史上最激烈的美国工人大罢工，持续时间达2年之久。当时，洛克菲勒还是一个不知名的小人物，正负责科罗拉多州的钢铁公司，由于工人们愤怒地要求增加工资，常常发生一些因大规模工人罢工而造成的流血事件。

在这样充满仇恨的情况下，洛克菲勒想要赢得罢工者的赞同和支持，令人惊讶的是，他确实做到了这一点。那么，他是怎样做的呢？

他首先用了几个星期的时间与工人交涉，然后又对工人代表发表演说。他的演说效果惊人，可称为一篇杰作——它不仅平息了工人们恨不得一口把洛克菲勒吞下去的情绪，而且使他赢得了许多崇拜者。他极其友善地说明了事件真相，让罢工者主动回去工作，并且不再要求增加工资。而这正是他们曾经强烈要求的。

下面我们来看看演讲的开始部分及其流露出来的友善精神：

“我很高兴来到这里，参观你们的家庭，探望你们的家人，我们是以朋友而不是陌生人的身份在此相聚，我们共同的利益正因为你们的好意而使我有幸在此。

“这是我一生中值得纪念的日子，今天我很荣幸能够见到这家伟大公司的劳工代表、职员及监督们。老实说，我很庆幸能到这里来，这次聚会将令我永生难忘。如果这次聚会在两个星期前举行，对你们大多数人来说，我无疑是个陌生人，而且我也只认识你们中的少数人。上周开始，我和南矿区的部分矿工代表谈了很多，并且拜访了诸位的家庭，我想我们应该是老朋友了。基于这份深厚的友谊，我很高兴能和大家一同为着我们的共同目标和利益去努力……

“这是一个由公司职员及工人代表参加的集会。我之所以出现在这里，完全是由于你们的厚爱。我不是公司职员，也不是工人代表，但是，我觉得自己与你们关系密切，因为在某种程度上，我代表了股东及董事双方。”

这样一篇演讲，不正是使仇敌变成朋友的一个最具体的例子吗？

如果洛克菲勒用可怕的事实痛斥、威胁工人们，同时指出他们所犯的错误，结果又会如何呢？毫无疑问，一定会激起更多的愤怒和仇恨。

如果一个人在心中已对你有成见、恶感，你就是找出所有的逻辑、理由来，也不能使他接受你的意见。如果采用强迫的手段，更不能使他接受你的意见而向你屈服。但是，如果你用和善的态度、温和的言语，便可获得不一样的结果。

林肯在100多年前曾经说过类似的道理，他说："一滴蜂蜜比一加仑胆汁能捕到更多的苍蝇。"对人也是如此，如果你想让别人同意你的见解，首先得让他相信你是他忠实的朋友，那样就会像有一滴蜂蜜粘住了他的心，你也会走向宽畅、理智的大路。

丹尼尔·韦伯斯特是一位非常成功的辩护律师，他外表看起来像一个神父，说起话来则像耶和华。不过，他善于用友善的言辞来表达那些最具威力的思想。比如："这一点需要由陪审团去考虑""这些也许值得我们三思""各位，这几件事实相信大家不会忽视""诸位，基于对人性的了解，我们很容易看出这些事实的重要"。可以看出，他既没有采用恐吓、高压手段，更没有将自己的意见强加给别人。他所使用的轻声细语、安静友善的态度和方法，反而使他成了家喻户晓的人物。

以商人来说，如果知道如何运用友善的态度来对待罢工者，那是十分有益的。下面我们来看一个例子。

当怀特汽车公司的2 500个工人为了增加工资而组织工会罢

工的时候，公司经理罗伯特·布兰克并没有震怒、斥责、恫吓，甚至指责他们这是暴行，反而对罢工者进行夸奖、称赞。他在《克里夫兰报》上刊登了一则广告，称颂他们那是“放下工具的和平方法”。

他看到罢工纠察队的人闲着没事干，就买了几根棒球棍和几副手套，请他们在空地上打棒球。对于爱玩保龄球的人，他还替他们租了一间屋子。

布兰克和善的态度使他获得了理想的结果。那些罢工的工人，找来扫把、铁铲、垃圾车，主动打扫起工厂四周的纸屑、火柴和烟蒂来。试想，那些罢工的工人在要求加薪和承认工会之时，还在整理工厂四周的环境，这种情形在美国劳资纠纷中实在罕见。那次罢工事件在一个星期之内达成了和解——不带一丝恶感和怨恨地结束了。

你可能永远不会被请去解决一次工潮或对陪审团发言，但是，你也许希望降低你的房租。而这种友善的方法正好可以帮助你。

工程师施特劳伯认为自己的房子租金太高，希望能降低一些，不过，他知道房东是个老顽固，而且脾气不好。施特劳伯在培训班上说：“我写了一封信给房东，通知他租约期满后，我就会搬出我的公寓。其实我并不想搬，如果能减少房租的话，我还是愿意继续住下去的。但我知道希望渺茫，原因是其他房客也试过，结果都失败了。他们告诉我，房东是个很难对付的人。但我对自己说，我正在研究如何与人相处，不妨就在房东身上试一试，看看效果如何。

“房东接到我的信后，带着他的秘书一起来找我。我在门口友好地欢迎了他，充满了善意和热情。我开口并没有提到房租多么高，只是说自己如何喜欢这间公寓，并称赞他管理有方，同时告诉他，我非常愿意继续住下去，但我的经济能力使我无法负担。

“我相信他从来没有被房客这样欢迎和赞扬过，他简直有点手足无措。

“接着，他也向我诉起苦来，并抱怨那些房客。他说，曾有一个房客写过14封信给他，有的话简直就是在侮辱他。还有一位房客威胁他说，除非上面一层楼的人睡觉不打呼噜，不然就立即取消租约。

“房东对我说：‘有你这样一位令人满意的房客，对我来说，那是再好不过的了。’然后不等我开口，他就主动减少了租金。但我希望租金再降低一些，于是说出了自己所能负担的数目，他很爽快地答应了。

“临走时他还问我：‘你的房间里有没有需要装修的地方？’

“如果我用其他房客所用的方法来要求房东降低房租，相信也会遇到和他们一样的情形。正是友善、赞赏、同情，才使我得到了这个结果。”

还有一个例子；

迪安·伍德科克在宾夕法尼亚州匹兹堡市的一家电气公司任部门经理。他刚刚接到一项任务，负责维护电线杆顶的设备。这本来是另一个部门的工作，不久前才转由伍德科克的部门负责。他手下的员工已经做过相关培训，但还从来没有实际操作过，公司的同人都翘首以待，想看看他们的表现如何。

伍德科克带着几名下级主管和其他部门的员工一起来到施工现场，把车停在一旁，观看两名员工在电线杆上如何操作。

伍德科克往四周看了看，发现附近有位男士从车里钻出来，拿着相机开始对施工现场拍照。公共设施公司对公共关系向来十分敏感，伍德科克马上意识到那位男士会如何看待眼前的景象——两个人的工作却有十几个人参与，这是典型的人浮于事。于是，他朝那位拍照的男子走过去。

“您似乎对我们的施工很感兴趣。”

“是的，相信我母亲会更感兴趣，她买了你们公司的股票。这个情形一定会让她眼界大开。毫无疑问，她会觉得自己的投资蠢到了极点。几年来，我一直劝她说，你们这种公司人员冗杂，这就是证据。报社对这些照片肯定也会感兴趣的。”

“表面上看好像是如此，假如我是你的话，我也会这么想的。不过，今天情况特殊……”迪安·伍德科克详细解释道，这是他的部门首次进行这项工作，公司上上下下对此都非常重视。他向那位男士保证，一般来说，两名员工就足以完成这项任务。最终，那个男子心悦诚服地收起相机，和伍德科克握了握手，感谢他愿意花时间向自己解释。

就这样，通过善意的交涉，迪安·伍德科克成功地化解了一次危机。

来自新罕布什尔州的吉拉德·文恩是我培训班上的一名学

员，他也体会到了友善处世的好处。

早春二月，地面尚未解冻。有一天下了一场暴雨，雨水并没有顺势排到附近的排水沟中，而是流到了吉拉德新建的房子附近。

雨水排不出去，全都积在他家房子的地基处。由于水压的作用，混凝土基底开裂，地下室里全是水，浸坏了火炉和热水器。最后，他不得不花了2 000多美元进行维修，而他购买的保险并不包含这一类损坏。

不久，吉拉德发现，之所以造成这种后果，是因为承建商设计上的疏忽，没有在房子附近修建排水沟。于是，他决定去找承建商谈谈。他家距离承建商的办公室有25公里。他在路上仔细分析了目前的局面，想起了在课上学到的课程，他告诫自己发火毫无作用。到达目的地后，他保持冷静，先和对方聊起了他最近的西印度群岛之旅，然后在恰当的时机提出了关于那次漏水的“小问题”。对方马上答应承担责任，尽快帮助他解决问题。

几天后，承建商打来电话，表示愿意赔偿他的损失，并且会在他家附近开挖排水沟，以免类似事情再次发生。

这虽然是对方应尽的责任，但是，倘若吉拉德在交涉时没有采用友善的态度，事情未必能得到如此圆满的解决。

多年前，我曾经赤着脚穿过树林，步行到密苏里州西北部一个乡村学校上学。有一天，我看到了一个《太阳和风》的寓言故事。

太阳和风在争论谁更强而有力。风说："让我来证明我更强。看到那个穿大衣的老头没有？我敢打赌我能比你更快地使他脱掉大衣。"

于是，太阳躲到云后，风开始吹了起来，并且越吹越大，大到像一场飓风。然而，风越大，老人越是把衣服紧紧地裹在身上。

最后，风泄气了，表示放弃。这时，太阳从云后走出来，开始用他温暖的光芒照耀老人。很快，老人开始擦汗，接着就把大衣脱了下来。

太阳对风说，温和与友善总是比愤怒与暴力更加强而有力。

就在我看到这个寓言之后不久，波士顿郊区发生了一件足以证明这个真理的事情。

波士顿是美国历史上的教育和文化中心，那时的我几乎不敢想象有一天能够亲眼看到它。这件事是毕医生亲身经历的，他在事件发生 30 年后来到了我的培训班，并和我们分享了这个故事。

当年，波士顿的报纸上满是堕胎专家和庸医的广告，表面上好像是为人们看病，实际上却是一种恐吓，比如他们宣称"你将失去性能力"之类，欺骗无辜的受害者。他们根本没有为病人治疗，反而使受害者恐惧万分，甚至被那些堕胎专家和庸医害死。令人气愤的是，他们很少被定罪。只要交点罚款或者利用政治关系，他们就能逃脱惩罚。

波士顿民众对于这种严重的情况非常气愤。传教士拍着讲台，痛斥报纸，祈求上帝能终止这种"杀人"的广告。公民团体、商界人士、妇女团体、教会、青年社团等，也纷纷公开谴责，大声疾呼。但是，这一切都徒劳无功。州议会展开争论，要把这种无耻的广告行为定为犯罪，然而，他们的努力在利益集团和政治的影响下也化为泡影。

毕医生是大波士顿基督教联盟的善良民众委员会的主席。他绞尽脑汁，用尽各种办法，但也无济于事。要想打倒这些医界败类，似乎成了不可能完成的任务。

一天晚上，毕医生想出了一个从未有人试过的全新的办法。这个方法就是通过仁慈、同情和赞美，让报社自动停止刊登那种广告。他写了封信给《波士顿先锋报》的发行人，表示自己十分仰慕该报，一直以来都在看该报纸，报纸上的新闻平实、不耸人听闻，尤其是社论极为精彩，可谓一份完美的家庭报纸。毕医生强调，它不仅是新英格兰地区最好的报纸，也是全国优秀的报纸之一。

"然而，"毕医生继续在写信中说道，"一个朋友对我说，有一天晚上，他的女儿大声朗读了贵报上堕胎专家的广告，并问他那是什么意思。他当时十分尴尬，不知该怎样回答。贵报已经深入波士顿的各户人家，我的朋友会遇到这种事，相信在别的人家也可能发生类似的事情。假如您有女儿，您愿意让她看到这种广告吗？假如她看到了，希望您能告诉我，您该怎么去解释？

"实在是太可惜了，贵报如此具有影响力，别的方面都很完美，但这种广告却使得一些父母不敢让子女阅读报纸。相信成千上万的订户也会深有同感。"

过了两天，《波士顿先锋报》的发行人回了信，毕医生把这封信保留了30年。当他到我的培训班学习后，他把那封信交给了我。现在，这封信就放在我的面前：

亲爱的先生：

接到您11日写给本报编辑的信，十分感激。您的建议促使本人实现了自接任本职以来，虽一直有心于此，但始终未能痛下决心的一件事。

下周一起，本人将敦促《波士顿先锋报》抛弃一切招致非议的广告。暂时无法完全剔除的广告，我们也将审慎编撰，不使它们对读者造成任何不快。

您的意见使我受益良多，再度感谢，并盼继续不吝指正。

诚挚的W·E·汉斯格发行人

1904年10月13日

那些深知“一滴蜂蜜比一加仑胆汁能捕到更多的苍蝇”的人，无疑是尝到了温和友善的甜头。马里兰州路德维尔市的盖尔·康纳先生就亲身验证了这句话的正确性。

当时，康纳先生第三次将买了四个月的汽车送到经销商那里进行维修。他说：“很显然，与维修厂的经理谈话、说理或指责他，都无法顺利解决我的问题。

“于是，我走进汽车展销大厅，求见老板怀特先生。过了一会儿，我被领进怀特先生的办公室。我首先做了自我介绍，然后向他说明我是因为朋友的推荐才购买他的汽车。我的朋友都购买了他的汽车，认为价格合理，服务也很好。听了我的话，怀特先生满心欢喜，笑了起来。

“接着，我又向他说明我了的问题。我进一步指出：‘我想你一定非常关心影响您的良好声誉的事情。’他对我表示感谢，并保证一定会解决我的问题。最后，他不仅亲自为我处理好了这件事，并且在我的汽车送修期间将他自己的车借给我使用。”

伊索是希腊克诺索斯王宫的一名奴隶，他在基督降生之前 600 年就讲过许多经典的寓言，其中有关人性的真理直到今天仍然适用，正如它在 26 个世纪以前适用于雅典一样。太阳能比风更快地使你脱下大衣，友谊和赞赏远比任何强权暴力更容易改变人的心意。

请记住林肯所说的一句话：“一滴蜂蜜比一加仑胆汁能捕到更多的苍蝇。”

所以，赢得他人赞同的第四个秘诀：

用友善的态度赢得他人的认可。

让对方给予肯定的回答

和别人谈话时，不要一开始就谈论双方意见相左的事情，不妨先谈双方都赞同的事情。如果可能的话，最好提出自己的见解，告诉对方你们追求的是同一个目标，不同的只是方法而已。

让对方在开始的时候就不停地说“是，是”，如果可能的话，尽量防止他说“不”。

奥弗斯德教授在其著作《影响人类行为》中说：“一个‘不’字的反应是最不容易克服的障碍，当一个人说出‘不’字后，为了维护自己的尊严，他就不得不坚持到底。事后，他或许觉得自己是错的，但是，他必须考虑到自己的尊严。他所说的每一句话，都必须坚持到底，所以，使人在一开始的时候就采取肯定的态度是非常重要的。”

善于讲话的人，开始的时候就能得到很多“是”的反应。唯有如此，他才能将听者的心理导向正面的方向。

以人的心理状态来说，当一个人说出“不”字，而且内心也潜伏着这种意念时，他全身的器官——腺体、神经系统、肌肉，都会协调起来，进入一种抗拒的状态，并且常常伴随细微的、时而可见的身体收缩或准备收缩的状态。反过来，当一个人回答“是”的时候，身体的器官不会出现收缩的现象，而是处于前进、接受、开放的状态。所以，当一次谈话开始的时候，若能吸引对方更多地回答“是”，我们的建议就更容易得到对方的赞同。

这本来是个极为简单的方法，但却常常被人们所忽略。人们好像一开口，就要反对他人的意见，似乎这样才能显示自己与众不同，得到一种自尊感。性格激烈的人和生性保守的人进行会谈，很容易使另一方发怒。如果他们这样做只是为了获得感官上的快感，或许还情有可原，若是为了完成一件事，那就不划算了。

如果你的学生、顾客、配偶，一开口就是“不”，那么就算耗尽你的智能，运用极大的忍耐力，也难以改变他们的意志。

通过运用这个“是，是”的方法，纽约格林尼治储蓄所的出纳员詹姆斯·艾伯森留住了一位差点流失的顾客。詹姆斯·艾伯森先生讲述了这个故事：

这个人来到银行，想要开一个账户，我按照银行的规定让他填写一些申请表格，有些他会马上填写，但有些他却拒绝填写。

如果这事发生在我尚未研究人类关系学之前，我会告诉那位顾客，如果他不填好表格，我只能拒绝为他开户。我很惭愧，以往我都是这样做的。当然，当我说出那些具有权威性的话以后，通常会感到很得意。但这样做显然无法让来银行的顾客感到受欢迎和重视。

那天上午，我决定运用一点待人处事的常识，不跟他谈银行的规定，而谈些顾客方面的需要。最重要的是，我决定让他一开始就说“是，是”。因此，我表示意见跟他完全一致，他拒绝填写的那些资料，我也认为并不十分必要。

不过，我对那位顾客说：“假如您把钱存在这个银行，而您不幸去世，您会愿意让银行把存款转交给您依照法律有权继承的直系亲属吗?”

那个客人马上回答：“当然愿意。”

我接着说：“那么，您就按照我们的办法去做如何？你把直系亲属的姓名和情况填在这份表格上，使我们能够在您不幸去世的时候立即把这笔钱移交给他，不是一个很好的办法吗?”

那位顾客又说：“是，是的。”

顾客态度软化的原因是他开始知道填写这份表格完全是为他着想。最后，他在离开银行前，不但把所有情况填入了表格，而且还接受了我的建议，以他母亲的名义开了个信托账户，把他母亲的情况也根据表格要求详细地填写上了。

我发觉让他一开始就说“是，是”，他便忘了我们之间的争执，并且很乐意按照我的建议去做。

西屋电气公司的推销员约瑟夫·艾里逊也讲述了他的经历：

在我负责的销售区域内有一位大企业家，我们公司很想将商品推销给他，我的前任花了10年的时间，始终没有成功达成一笔交易。我接管这一区域后，花了3年时间去拜访他，但也没有什么结果。经过13年不断的访问和会谈后，对方终于向我们购买了几台发动机，于是我产生了这样的期望——如果这次发动机不出毛病，我也许能再得到几百台的订货单。

正常吗？我知道这些发动机不会有任何故障和毛病。所以，三个星期后，我去拜访了他。

我原本心里很高兴，但似乎高兴得太早了些，那位企业家见到我就说："艾里逊，我们不能再订购你的发动机了。"

我心头一震，马上问道："为什么？"

他说："你卖给我们的发动机太热了，我的手都不能放在上面。"

我知道如果和他争辩，不会有任何好处，过去就有这样的情形，现在我想运用让他说出"是"字的办法。

我对他说："史密斯先生，我完全同意您的看法，如果那些发动机发热过高，我也会劝您别买了。您当然不会购买发热超出全国电气制造协会标准的发动机，是不是？"

他表示完全同意。我获得了他的第一个"是"字。

我又说："电气制造协会规定，一台标准的发动机可以比室内温度高出72华氏度，是不是？"他同意这个见解，说："是的，可你的发动机却比这温度高。"

我没和他争辩，只是问道："工厂的温度是多少？"他想了想说："嗯——75华氏度左右。"

我说："这就对了，工厂的温度为75度，加上应有的72度，一共是147度。如果您把手放进147度的热水里，是不是会把手烫伤？"

他继续说"是"。

我向他建议道："史密斯先生，您别用手碰那台发动机，那不就行了！"

他接受了这个建议，说："我想你是对的。"我们谈了一阵后，他把秘书叫来，为下个月订了3万多美元的货物。

我花了多年时间，损失了数万美元的买卖，最后才知道，争辩并不是一个聪明的办法。要从对方的角度去考虑问题，设法让其回答"是，是"，才会有更多的收益。

艾迪·斯诺是我们在加利福尼亚州奥克兰市的课程赞助人，他分享了一个商店老板如何成功地用"是，是"的策略使他成为其忠实顾客的故事。艾迪十分热衷于弓箭狩猎，并且花了许多钱在当地一家弓箭器材店里购买装备和配件。有一天，他的家人不远千里前来探望他，他想从店里为他们租一套弓箭装备，但售货员表示店里的商品只卖不租。于是，他打电话向另一家店询问此事。以下是事情的经过：

电话那边的人很有礼貌，听说我想租弓箭，他的答复与前一家店截然不同。他首先道歉说由于出租装备的损耗太高，他们负担不起，因此不再出租。接着，他问我以前是不是租过。我说："是的，几年前曾经租过。"他提醒我当时的价格在25~30美元。我再次点头称是。他问我是不是想省钱。当然，这正是我的出发点。他又解释说，他们店里正在打折促销，一套弓箭只需34.95美元，而且包含所有配件，比租用只多出4.95美元。他不再做租赁生意也正是因为差价太小。我觉得他言之有理。最后，我所回答的一系列"是"促使我购买了一套弓箭。当我去商店取货的时候，又买了其他的东西，并且成了那家商店的忠实顾客。

希腊大哲学家苏格拉底是个风趣的老小孩，他一向光脚不穿鞋，40 岁时便已秃顶。但是，他却跟一个 19 岁的女孩结了婚。他对世人的贡献，有史以来能跟他相提并论的并不多。他彻底改变了人类思想的进程，直到今天，他还被认为是世界上最有才智的劝导者之一。

他运用了什么方法？他是否告诉别人他们是错误的？不，苏格拉底不会这样做。

他的处世技巧现在被称为“苏格拉底辩证法”，就是以“是，是”作为反应的基础。他问的问题都是反对者愿意接受并同意的。他连续不断地获得对方的同意，直到得到许多“是”。他持续不断地发问，使反对者在不知不觉中接受了数分钟前自己还在坚决否认的结论。

当你要指出别人的错误时，一定要记住苏格拉底，并且问一个能够获得对方“是，是”反应的和缓问题。

中国人花了 5 000 年漫长的时间去研究人类的天性，积累了许多至理名言，其中有一句格言充满了东方悠久的智慧，这句格言是：“轻履者行远。”

所以，赢得他人赞同的第五个秘诀：

使对方一开始就回答“是，是”。

处理抱怨时鼓励对方多说话

很多人在希望得到别人赞同时，通常会滔滔不绝地说个不停。尤其是推销员，更容易犯这个毛病。实际上，正确的做法是，你应该尽量让对方畅所欲言，他对于自己的事情或问题，一定比你知道得多。所以，你应该问他问题，让他来告诉你一些事。

如果你不同意他的观点，你也许会想打断他，但千万不要这样做，这样做是很危险的。当他还有很多意见急于发表时，他不会把注意力放到你身上。所以，你必须以宽广的胸襟耐心倾听，并诚恳地鼓励他充分发表他的意见。

这种策略用在商场上是不是有效呢？下面我们来看一个例子。

几年前，美国一家最大的汽车制造公司正在忙于采购下一年度所需要的汽车坐垫布。当时有三家厂商把坐垫布的样品送来备选，这家汽车公司的高级职员验看后，通知三家厂商于某日各派一位代表前来商谈，到时再决定选购哪家厂商的东西。

齐勃是其中一家厂商的业务代表，商谈那天他恰巧患了严重的喉炎。齐勃先生在培训班上说出了当时的情形：

“当轮到我与汽车公司的高级职员面谈时，我嗓子哑了，几乎发不出一点声音。我被带进一间办公室，跟里面的纺织工程师、采购经理、推销经理和汽车公司的总经理会面。当我站起来想要说话时，只能发出沙哑的声音。

“他们围绕在一张桌子边上，我的喉咙发不出声音，只好拿笔把话写在纸上：‘诸位先生，我的嗓子哑了，不能说话。’

“那位总经理说：‘好吧，让我来替你说说看！’他真的在替我说话。他把我的样品一一展示，并称赞它们的优点。他们就这样开始了热烈的讨论。由于那位总经理代表我说话，所以他们讨论的时候，他很自然地站在我这边。当时我只能点头微笑，或用手势来表达我的意思。

“这个奇特的会议，最终使我获得了这个订货合约，他们向我订购了50万码坐垫布，总价是160万美元。这是我目前为止所经手的一笔最大的订单。

“我知道，若不是我喉咙嘶哑，说不出话来，我会失去那份订货合同，因为我对整个事件有着错误的看法。这次我无意中发现，原来让别人讲话有时是很值得的。”

费城电气公司的威伯也有同样的发现。

当时，威伯先生正在宾夕法尼亚一个富庶的荷兰农民区视察访问。在经过一户整洁的农家时，他问该区的代表：“这些人为什么不爱用电？”区代表显得很烦恼地说：“他们都是些守财奴，你绝不可能卖给他们任何东西，而且他们讨厌电气公司，我已经跟他们谈过了，没有丝毫的希望。”

威伯相信区代表所说的是实话，但他愿意再尝试一次。于是，他轻轻敲了敲这户农家的门——门开了个小缝，年老的特根保太太探头出来看了看。

威伯先生叙述了当时的情形：

“这位老太太看到是电气公司的代表，很快就把门关上了。我又上前敲门，她再度把门打开，这次她说了自己对电气公司的看法。

“我对她说：‘特根保太太，我很抱歉打扰了您，我不是来向您推销电的，我只是想买些鸡蛋。’

“这时她把门开得大了些，探出头来怀疑地望着我们。我说：‘我看您养的都是多明尼克鸡，所以我想买一打新鲜的鸡蛋。’

“她又把门拉开了些，说：‘你怎么知道我养的是多明尼克鸡？’她似乎有些好奇。我说：‘我自己也养鸡，但从来没见过比这里更好的多明尼克鸡。’

“特根保太太怀疑地问道：‘那你为什么不用自己的鸡蛋？’

“我回答说：‘因为我养的是来亨鸡，下的是白蛋——您是懂烹调的，自然知道做蛋糕时白色的鸡蛋不如棕色的好。我妻子对她做蛋糕的技术总是感到很自豪。’

“这时，特根保太太才放心大胆地走了出来，态度也温和了许多。同时，我看到院子里有座很好的牛奶棚。

“我接着说：‘特根保太太，我敢打赌，您养鸡赚的钱比您丈夫那座牛奶棚赚得更多。’

“她听了高兴极了，当然是她赚得多！她很高兴地对我讲到这一点，但她却无法使她那个顽固的丈夫承认这件事。

“她请我们去参观她的鸡房。参观的时候，我真诚地称赞她养鸡的技术，还找了很多问题来问她，并且请她指教。同时，我们还交换了很多经验。

“这时，特根保太太突然提起了另一件事，她说她的几位邻居都在鸡房里安装了电灯，并且说效果很好。她征求我的意见，如果她用电的话，是不是划算。

“两个星期后，在特根保太太的鸡房里，多明尼克鸡在电灯的光亮下，跳着叫着——我做成了这笔交易，而她得到了更多的鸡蛋，双方皆大欢喜，各有所获。

“不过，这个故事的重点是——如果我不投其所好，我永远无法将电卖给这位荷兰农妇。这种人绝对不能叫她买，而必须让她自己来买。”

让别人多说话，不仅适用于商场，还适用于家庭生活。下面是一个典型的案例。

近来，芭芭拉·威尔逊和女儿洛瑞的关系变得有点糟。一直以来，洛瑞都很文静乖巧，现在却变得很不合作，有时还会为自己的行为辩护。威尔逊太太用过各种各样的方法来威吓、教训和惩罚她，但完全没有作用。

“终于有一天，”威尔逊太太说，“我决定放弃了。不管我说什么，洛瑞都听不进去，家务还没做完就去找她的朋友了。等她回到家，我本打算像往常一样责骂她，但我突然产生了一种无力感。我伤心地看着她说：‘事情为什么会变成这样？为什么？’

“洛瑞体会到了我的痛苦，她平静地问我：‘你真的想知道吗?’我点了点头。她把实情告诉了我：我从未认真听过她的意见，总是命令她干这干那；当她想和我谈心时，我总是打断她，并给她更多的命令。我开始意识到，她内心其实很需要我——不是一个喜欢下命令的母亲，而是一个亲密的可以倾诉烦恼的朋友。然而，过去我在该倾听的时候却只顾着说，从来没有认真听她说话。

“从此，我总是让她想说什么就说什么。她把自己的心事告诉我，我们的关系有了很大的改善，而她又成了一个乐于合作的孩子。”

这种方法也同样适用于求职，它会给你的求职带来极大的帮助。

纽约一份销路极大的报纸，在其财经栏目中刊登了一则篇幅很长的广告，内容是聘请一位有特殊能力和经验的人。查尔斯·科尔巴里斯将自己的资料寄到指定的信箱去应聘。几天后，他接到回信，约他面谈。去面谈之前，他花了很多时间在华尔街打听那家公司创办人的生平事迹。

见面的时候，科尔巴里斯说：“如果能进入您这家有着不平凡经历的公司做事，我将感到十分自豪。听说您在28年前开始创业的时候，除了一间办公室、一套桌椅和一个速记员以外，什么也没有，是不是真有这回事?”

几乎每一个成功人士都喜欢回忆早年创业时期奋斗的情形。眼前这位老板当然也不会例外。他谈了很多有关他当初如何用

450美元现金和创业的意志，开创这项事业的经过，包括如何克服困难，又如何与失望做斗争，节假日都不休息，每天工作12～16小时，最后如何战胜困难，直到现在，华尔街最有地位和身份的金融家都来向他请教。他对自己过去的经历感到自豪。最后，他简单问了科尔巴里斯的经历，随后把一位副经理叫进来，说："我想这位先生就是我们所要找的人。"

科尔巴里斯费尽心思去探听未来老板过去的成就，对未来老板表示出强烈的兴趣，鼓励他多多说话，从而给他留下了很好的印象。

加州圣克拉蒙多的洛伊·布莱德雷则恰好相反，他采用了倾听的方式，让一个极为适合从事推销工作的人说服他自己来担任布莱德雷公司的一项工作。事情的经过如下：

对于这项工作，理查德·普雅尔具有丰富的经验。他先和布莱德雷的助理进行了面谈，布莱德雷的助理向他说明了这项工作的所有弊端。因此，当普雅尔来到布莱德雷的办公室时，似乎有些沮丧。布莱德雷只提到自己公司有一个优点，那就是他是一个独立承包商，因此，他实际上是个老板。

当布莱德雷提及这一点后，普雅尔否定了自己走进办公室前准备谈到的所有不好的想法。当他思考时，好几次都有一半是在自言自语，布莱德雷有时忍不住插上几句话。面谈结束时，普雅尔决定加入布莱德雷的公司。

对此，布莱德雷认为，这完全是因为普雅尔自己说服了自己："我当了一名好听众，让理查德·普雅尔得以尽情地表达自己的想法，在心中能够很好地权衡事情的轻重，最后得出了积极的结论。这正是他为自己创造的挑战。我们雇用了他，而他也一直表现优秀。”

亨丽塔是纽约市中区人事局的一名就业顾问，在单位里很有人缘，不过，以前并不是这样的。她刚到人事局的前几个月，一个朋友也没有。这主要是因为她经常谈论自己在工作介绍方面的成绩、她新开的存款户头，以及她所做的每一件事。

“我对自己在工作中的优秀表现深以为傲，”亨丽塔说，“然而，我的同事不但不愿分享我的成就，而且好像很不乐意和我待在一起。我渴望得到他们的喜欢，成为他们的朋友。参加卡耐基课程后，我得到了一些建议，并开始改变自己，我不再热衷于谈自己的事情，而是多听同事讲话，因为他们也有很多事情可以谈论。很显然，当他们把自己的成就告诉我时，比以前让他们听我谈论，更能让他们兴奋。现在，只要我们有机会在一起，我总是请他们把快乐的事情告诉我，与我分享；而我只在他们问起的时候，才会谈一点自己的事情。”

这是事实，即使是我们的朋友，也宁愿多谈他们自己的成就，喜欢听我们吹嘘的人可以说少之极少。

法国哲学家拉·罗什弗科曾经说过：“如果你想得到仇人，那你可以表现得比你的朋友更出色；但是，如果你想获得更多的朋友，就应该让你的朋友胜过你。”

这该如何解释呢？当朋友胜过我们的时候，可以满足他的自豪感。而当我们胜过朋友时，只会使他产生自卑感，并引起猜疑和妒忌。

德国人有句俗语说："当我们所讨厌、妒忌的人，发生一件不幸的事时，会使我们产生一种恶意的快感。"是的，有些朋友看到你遇到困难，可能会比看到你成功更为满意。所以，不要表现出太多的成就，而要学会虚怀若谷、处处谦逊，那样才会让人喜欢你、接近你。

著名作家考伯就善于使用这样的技巧。有一次，一个律师在证席上对他说："考伯先生，我听说你是美国著名的作家，是不是?"考伯回答说："实在不敢当，那是我太侥幸了。"

生活中，我们都应该谦逊一些，因为你我都没有什么了不起的，迟早会成为过去，百年之后，我们都将为人所遗忘。生命如此短促，别把我们不值一提的成就作为谈话的材料，这是很令人厌烦的。

所以，赢得他人赞同的第六个秘诀：

鼓励对方畅所欲言。

引导对方主动说出你的想法

你对于自己发现的思想，是不是比别人传达给你的思想更为信仰，即使那是放在一只银盘子上递给你的？如果是的话，你把你的意见硬生生地塞在别人的喉咙里，岂不是一厢情愿？提出意见，启发对方亲自去得出结论，不是更为聪明的做法吗？

这里有一个例子。

费城的阿道夫·塞尔兹先生，是我培训班上的一位学员，他迫切地感到必须给一群意志涣散、情绪低落的汽车推销员灌输些热情和信心。于是，他召开了一次销售会议，引导员工们如实说出他们对他的期望。他把员工们的想法都写在黑板上，然后说："我可以满足你们的愿望，不过希望你们告诉我，我从你们身上能获得些什么？"他很快有了满意的答案：忠心、诚实、乐观、进取、合作，以及每天8小时的工作热忱。其中有人甚至愿意每天工作14小时。这次会议的结果，使员工们充满了新的斗志、新的热情。塞尔兹先生告诉我，目前他们公司订单激增，业务蒸蒸日上。塞尔兹先生说："我和他们做了一次道德交易。我对他们尽己所能，所以他们也尽了自己最大的努力。跟他们商谈他们的需要，正是他们所需要的精神食粮。”

没有人喜欢被迫去买一样东西，或是被命令去做一件事情。我们都喜欢按自己的心愿去买东西，或依自己的方式去处理事情。同时，我们希望别人能关心我们的愿望、需要及想法。

现在有这样一个例子。

对尤金·威逊先生来说，在尚未参加我的培训班研究人类关系学之前，他损失了许多收入。作为一家服装图样设计公司的推销员，威逊连续3年，几乎每个星期都去找纽约的一位时装设计领军人物。威逊说：“他从来没有拒绝接见我，但也从来没有买过我的图样，他每次都用心地看我的图样，然后说：‘不行，威逊先生，我想今天我们还是不能合作。’”

经过150次的失败后，威逊觉得自己一定是陷入了一种心理故辙之中，于是决定每周利用一个晚上的时间来研究为人处世的技巧，努力培养新的观念，唤起新的热情。

不久，他拿了几张设计师们尚未完稿的图样，走进那位设计师的办公室，对他说：“我想请您帮我一个忙……这里有几张尚未完成的图样，请您告诉我，如何把它完成才能满足您的需要?”

这位设计师默默地看了一会儿图样，没有任何表示，顿了顿才说：“威逊，你把图样放在这里，过两天再来找我。”

第三天，威逊又去找他，听取了他的建议，然后把图样拿回去，按照设计师的意见画完。这笔交易成功了吗？不用说，合作顺利达成。

那是九个月之前的事情，自那以后，那位设计师又订了几十张图样，都是完全按照他的意见画的。威逊就这样赚了 1 600 多美元的佣金。

威逊说："现在我才明白自己过去失败的原因——我总是强迫对方买我认为他需要的东西，而现在我所做的跟过去完全不同，我请他提出他的意见，使他觉得那些图样是他自己设计的。现在我不必去向他推销，他自己也会主动来向我购买。"

长岛有一位汽车商用同样的方法，把一辆二手汽车卖给了一对苏格兰夫妇。过去，这位汽车商一辆接一辆地把汽车介绍给这对夫妇，但他们总是认为有毛病，不是嫌这辆不合适，就是认为那辆有什么地方损坏了，要么就是价钱太高。当时，这位汽车商正在我的培训班上听讲，于是就在班上申请援助。

我们建议他不要强迫这种意志不稳定的人买他的汽车，而要让他自己来买，也不必告诉他应该买哪一个牌子的汽车。总之，一定要让他觉得这是他自己的意思。

几天后，有位顾客想把自己的旧汽车换一辆新的，汽车商就想到那个苏格兰人，也许他会喜欢这辆旧式的汽车。于是，他打电话给那个苏格兰人，说是有个问题想请教他。

苏格兰人接到他的电话就来了。汽车商说："我知道您对购买东西很在行，请您告诉我您觉得这辆旧汽车值多少钱，以便我在交换新车时有份准确的资料。"

苏格兰人听了喜笑颜开——终于有人向他请教，终于有人看得起他了。他坐进车里，开着这辆车子兜了一圈，回来后说：

“这部车子，如果你能以300美元买进，就算是捡到便宜了。”

汽车商问他：“如果我按您说的数目买进这部车子，再转手卖给您，您要不要？”300美元？当然，这是他的意思、他的估价，这笔生意马上就成交了。

一位X光仪器制造商也运用同样的技巧，把一批仪器卖给了布鲁克林市的一家大医院，获得了一笔很高的利润。

当时，这家医院正准备扩建，想要设置全美国最好的X光科。L医生是X光部的主任，他很快便被推销员们包围了，大家都说自己的东西是最好的。

其中有一位制造商比较精明，比其他人更了解待人处事之道。他写了一封信给那家医院的L医生，信的内容如下：

我们公司最近研制成功了一种新型的X光仪器，这种仪器的第一批货刚刚运达我们办公室，并不十分完善，所以我们很想再加以改良。如果您能抽个时间来我们这里参观一次，为我们提出宝贵意见，以使其更适合你们的工作，我们将非常感激。我知道您平时工作繁忙，请告诉我您确定的时间，我很乐意派车过去接您。

L医生在我的培训班上说出了这件事的经过：

“接到那封信后，我感到很惊讶，同时也很高兴。因为从来没有X光仪器制造商征求过我的意见，他使我觉得自己受人重视。那个星期，我每天晚上都很忙，但我取消了一个约会，特地去看那套新的仪器。当时我越看心里越喜欢。

“没有任何人强迫我买，我觉得替医院购进那套设备完全是我自己的意思，我认为那套设备很好，因此决定买下来，把它装在医院里。”

西奥多·罗斯福在任纽约州州长时，做出了一项不同凡响的功绩。他一边与政治领袖们维持良好的关系，一边硬性推行一些他们很不喜欢的改革。他的做法如下：

一旦出现重要职位空缺，他就会邀请所有的政治领袖来推荐接任的人选。“开始的时候，”罗斯福说，“他们可能会提议一个能力很差的党棍，也就是那种需要‘照顾’的人。对此，我会跟他们说，任命这样的人不太妥当，大众是不会赞成的。

“接着，他们又提供给我另一个党棍的名字，这一次会是个只求平安无事却极少有建树的老公务员。我又告诉他们，这个人显然无法达到大众的期望。于是，我再次请求他们，看他们能不能找到一个十分适合这个职位的人。

“第三次，他们提供的人选还算不错，但仍然不是很理想。

“这时，我会感谢他们的努力，并请求他们再试一次，而这次他们推举的人无疑是合适的了。就这样，他们提名一个我本人也会选中的最佳人选。我对他们的帮助表示感谢，并任命了最后那个人。我把这项任命的功劳归于他们，对他们说，我这样做是为了让他们高兴，现在该轮到他们来让我高兴了。

“而他们也真的让我高兴了。比如对‘文职法案’和‘特别税法案’等这类全面性的改革方案，他们都表示了支持，而这些都让我感到非常高兴。”

值得一提的是，西奥多·罗斯福经常请教别人，并尊重别人的忠告。在任命一个重要人选的时候，他总是想方设法地让政治领袖们觉得，他们选出的适当人选完全是出于他们自己的意愿。

把自己的意见变成对方的意愿，这种思想不但适用于商场和政治场合，同样适用于家庭生活。

下面我们来看看俄克拉荷马州塔尔萨市的保罗·戴维斯是如何运用这个原则的。戴维斯讲述道：

我和我的家人进行了一次有趣的观光旅行。一直以来，我都梦想着去看看葛底斯堡内战战场、费城独立大厅等历史古迹，以及我们国家的首都。在我渴望造访的名单上，包括法吉谷、詹姆斯镇以及威廉斯堡遗留至今的殖民时期的村庄等地方。

3月的一天，我的妻子南茜计划夏天去度假，她想游览西部各州，并看看墨西哥州、亚利桑那州、加州以及内华达州的旅游胜地。多年来，她一直想去这些地方游玩。遗憾的是，我们无法同时兼顾我们俩人的想法。

我们的女儿安妮刚刚上完初中的美国历史，对于美国历史上的许多事件都很感兴趣。我问她是否希望在下次度假的时候去看看她在书上读到的那些地方。当然，她的回答是肯定的。

两天后，我们一家人围坐在餐桌旁，南茜宣布说，假如大家都同意的话，我们将在夏天度假的时候游览东部各州。她还强调，这次旅行不仅对安妮有意义，对大家来说都是一件令人振奋的事情。我们都同意了。

爱默生在其散文《依靠自己》中写道："在天才的每一项创造和发明中，我们都看到了被我们排斥的想法，然而，当这些想法再次呈现在我们面前的时候，竟显得如此伟大。"

威尔逊总统执政期间，爱德华·豪斯上校在国内外事务上有着巨大的影响力。威尔逊总统对爱德华·豪斯上校的秘密咨询及意见的信赖程度，远远超过了对自己内阁的依赖。

那么，爱德华·豪斯上校究竟用了什么方法来影响威尔逊总统呢？我们有幸发现了这个答案。因为爱德华·豪斯上校曾向亚瑟·豪登·史密斯透露，而且史密斯又在《星期天晚报》的一篇文章中引述了他的话：

"认识威尔逊总统后，"爱德华·豪斯说，"我发现，要想让他改变看法，最好的办法是把这个新观念很自然地建立在他的脑海中，使他产生兴趣——让他经常想到它。不过，我第一次发现这种做法十分有效完全是一个意外。有一次，我去白宫拜访他，催促他执行一项政策，而他对这项政策显然是不赞成的。但是，几天以后，我在餐桌上惊讶地听见他把我的建议当作自己的意见说了出来。"

那么，爱德华·豪斯上校有没有打断威尔逊总统说"这是我的主意，不是您的"呢？当然没有。爱德华·豪斯上校并不傻，相反，他很聪明，他只要成果，而不想追求这个荣誉。所以，他让威尔逊总统继续认为那就是他自己的想法。他甚至更进一步，使威尔逊总统获得这些建议的公开荣誉。

所以，如果我们将要接触的人，像威尔逊总统那样具有人性的弱点，我们为何不采用爱德华·豪斯上校的方法呢？

几年前，一个住在新不伦瑞克省的人便对我运用了这一技巧，以便让我关照他的生意。当时，我正计划前往新不伦瑞克钓鱼和划船，于是写信给旅行社索取资料。很显然，我的名字和住址已被列入一份公开的名单，很快我就收到了各个露营区及乡道所寄来的无数信件、小册子以及宣传单。我看得头昏脑涨、无所适从，不知道应该选择哪一家。这时，有个营区的老板聪明地把他曾经服务过的几个纽约人的姓名和电话号码都寄给了我，并让我打电话给他们，看看到底会得到什么样的好服务。

看过名单后，我惊讶地发现里面有一位我认识的人。于是，我马上打电话过去，询问对方的看法。挂上电话后，我立刻发电报把抵达的日期通知了那家露营区。

当别人想通过强迫推销的方式让我就范时，另一个人却匠心独具地让我自己做出安排，毫无疑问，他成功了。

2 500 年以前，中国的一位圣人老子曾经说过一段话，你也许会用得上：

“江海所以能为百谷王者，以其善下之，故能为百谷王。是以圣人欲上民，必以言下之；欲先民，必以身后之。是以圣人处上而民不重，处前而民不害。”

所以，赢得他人赞同的第七个秘诀：

让别人觉得这个想法是他自己的。

站在对方的立场上看待问题

我们要记住，当一个人不承认自己有错时，请不要急于斥责他。在这种情形下，可能只有愚蠢的人才会去责备别人，聪明的人绝不会这样做，他会试着去了解对方、原谅对方。

因为一个人会那样思考和行动，一定有他的理由。当我们找出了其中的原因，便会对他的行动和人格有清楚的了解。

你可以尝试将自己置于对方所处的情境中，对自己说："如果我处在同样的困难中，我将有怎样的感受？又会做出怎样的反应？"这样就可以省去许多时间和烦恼。你知道了原因，就不会憎恶这个结果。此外，你还可以提升自己为人处世的技巧。

肯尼斯·古德在其著作《如何使人变得高贵》中说道："停下一分钟，把你对自己的事情的关心程度与对他人的淡然漠视，冷静地做一个比较，你就会知道，世界上其他的人也都是如此。然后，你就可以像林肯、罗斯福那样，从容应对所有事情。也就是说，一个人的成功，关键在于他能否以同情之心接受别人的观点。"

山姆·道格拉斯住在纽约州罗彻斯特市，一直以来，他都在抱怨妻子浪费了太多时间去照料草坪，她每周都忙于除草、施肥、修剪枝叶，但他家的草坪和4年前相比毫无两样。妻子对于他的责怪自然十分恼火，于是，美妙的夜晚常常因无休止的争吵而被破坏掉。

在参加了我们的课程后，道格拉斯终于意识到自己这些年来的表现有多糟糕。他从来没有肯定过妻子的兴趣爱好，也从来没有赞扬过妻子的辛勤劳动。

一天晚饭结束后，道格拉斯的妻子说想去院子里除除杂草，希望他能和她一起去。道格拉斯下意识地拒绝了，但他很快就醒悟过来，决定去帮忙。妻子看到他来后非常高兴，俩人有说有笑地干着活，一个小时就忙完了。

从此，道格拉斯经常帮助妻子打理花园，也经常夸奖草坪看起来很漂亮。他认为，这块地当初像水泥地一样没有任何生气，多亏了妻子的精心照料才能焕然一新。

尽管导火索是一些无关紧要的杂草，但当道格拉斯懂得了将心比心后，问题便迎刃而解了，生活又变得美好起来。

吉拉德·尼伦伯格在其著作《深入人心》中写道：“如果你想让交流变得顺畅起来，请像重视自己的感受一样重视对方。请在商谈开始的时候就表明议题，并在开口之前先斟酌一下，如果你是对方，你愿不愿意听到这些话。如果你希望对方认可你的观点，请先接受他的观点。”

多年来，我常在离家不远的一个公园里散步、骑马，作为闲暇时的消遣，渐渐对树木有了爱护之心。当我看到小树苗和灌木遭到火灾损毁时，就会感到十分痛心。这些火灾的发生，并不是因为粗心的吸烟者造成的，而多半是由到林间生火野餐的孩子引发的。有时树林起火，火烧得太大，需要消防队才能扑灭。

在公园的边上有一个告示牌，上面写着：“凡引起树林火灾者，将处以罚款及监禁。”可是，那块告示牌立在一个很偏僻的地方，很少有人会看到。虽然有一位骑马的警察在负责管理这个公园，但他工作并不认真，所以公园里经常发生火灾。

有一次，我着急地去找那个警察，告诉他公园里有一处失火了，火势正在迅速蔓延，要他马上通知消防队，但他的反应却十分冷淡。他说这不关他的事，因为那里不是他的管区。我失望极了，自此以后，只要我骑着马来公园，便主动承担起了保护公共财物的责任。

起初，我从未想过孩子们的立场和观点，当我看到他们在树下生火野餐时，心里就非常不高兴，并急于要做些应该做的事，实际上却做错了！我总是骑马过去，警告他们会引起火灾并会被拘禁关押。我以严肃的语气要求他们把火扑灭。我还威胁他们，如果他们不听的话，我马上要把他们抓走——我只顾发泄自己的怒气，全然没有想过他们的感受。

结果如何呢？孩子们表面遵从了，但心里并不服气。当我骑着马离开后，他们又生起火来，继续野餐。

许多年以后，我对人际关系的知识有了更多的了解，也更懂得站在对方的立场去看待事情。于是，我不再命令人家。假如是现在，我在公园里看到孩子们玩火的情形，我会这样说：

“小朋友们，你们玩得高兴吗？你们的晚餐打算做些什么？我小时候也喜欢生火野餐，现在想起来还觉得挺有意思的。不过你们要知道，在公园里生火是很危险的，我知道你们都是好孩子，不会惹出什么麻烦来。可是别的孩子，我相信就不会像你们这样小心了。他们看到你们生火，也跟着玩起火来，回家的时候如果没有把火熄灭，就很容易把干燥的树叶烧着，甚至连树也烧了。假如我们不小心一些，这个公园的树就会被烧个精光。

“那样的话，你们可能会因为这堆火而被捕入狱。但我并不想干涉你们，我希望你们玩得开心，只是你们最好别让火靠近干燥的树叶，同时回家时别忘了在火堆上盖些泥土。如果你们下次还想玩，我建议你们去那边的沙堆上玩，好不好？那样就不会有危险了。小朋友们，谢谢了！希望你们玩得开心！”

如果我这样说的话，相信会有惊人的效果，而且孩子们也会很乐意跟我合作。他们没有反感，没有抱怨，不会感到有人强迫他们服从命令。他们保全了自己的面子。于是，他们觉得满意，我也觉得满意，因为我是站在他们的立场上来处理这件事情的。

所以，当我们希望别人完成一件事情的时候，不妨闭上眼睛，稍微想一想——把整个的情形，站在对方的立场上来想一想。然后问自己：“他为什么要这样做？”当然，这样做很麻烦，也很费时间，不过，它会让我们获得更多的友谊，减少原有的摩擦和不愉快。

伊丽莎白·诺瓦克住在澳大利亚新南威尔士州，她已经有六个星期没有支付分期购车的款项了。“一个星期五，”她说，“一个负责我账户的男人打电话给我，粗鲁地说，假如我在下周一早晨还不缴付122美元，他们公司将采取进一步措施。显然周末我无法筹到这笔钱，于是，星期一一大早我又接到了那个男人的电话。但我并没有发火，而是站在他的角度来考虑问题。对于给他带来这么大的麻烦，我真诚地表示了自己的歉意，而且承认我已经不是第一次逾期未付款，因此他一定感到很为难。他的语气马上缓和下来，表示我并没有让他感到头疼。他举了好几个例子，说有些人非常不讲理，不仅信口胡言，还对他避而不见。我什么也没有说，只是静静地听着，让他说出了心中的不愉快。最后，他主动提出，即使我无法马上缴付欠款也不会有什么大问题，而且，如果月底之前我能先缴付20美元，然后在经济允许时付清余额，一切都可以商量。”

所以，当你请人熄火，或想让人买你的东西，或捐钱给红十字会时，不妨先停下来，闭上眼睛，站在对方的立场上想想整件事，问问自己：“他为什么要这样做?”当然，这需要花些时间，不过，它能让你赢得朋友、培养友谊，并且减少摩擦、避免麻烦。

哈佛大学商学院院长唐哈姆说：“当我与人会谈前，我不会贸然闯进他的办公室，而是在那人办公室外面的走廊上来回走上两个小时——把我要说的话想得更有条理，以及设想他会如何回答。”

所以，无论遇到什么事情，我们都应该学会处处替别人着想，并站在对方的立场去看问题。能否做到这一点，将影响到你终身事业的成就。

所以，赢得他人赞同的第八个秘诀：

真诚地站在对方的立场上看待问题。

发挥“同情”的威力

你是否希望掌握一句神奇的话语？它可以停止争论、消除怨恨、制造好感，使人们注意听你说话。

是的，确实有这样一句话，它是这样的：“我一点也不会责怪你有那种感受，如果我是你的话，我也会有同样的感受。”

就是这样一句简单的话，即使世界上最狡猾、最固执的人听了，内心也会软化下来。但是，你必须极其真诚地说出这句话，假如你是对方的话，你当然有和他一样的感受。以匪首卡普恩来说，假如你所遗传的身体、性情、思想完全与卡普恩相同，而你所处的环境和经历也和他一样，你也会成为跟他一样的人，因为那些正是他沦为盗匪的原因。

例如，你之所以不是一条响尾蛇，唯一的原因是你的父母不是响尾蛇。你之所以不会跟牛接吻，不认蛇为神明，唯一的原因是你没有生在布拉马普特拉河岸的一个印度家庭中。

你之所以成为目前的样子，你可居功的地方很少。那个使你恼怒、固执、不讲理的人，之所以会成为那样的人，肯定存在相应的原因，因此，你要对这个可怜虫表示惋惜、怜悯、同情。约翰·柯常说的一句话，你必须牢记在心，当他看到街上一个摇摇晃晃的醉汉时，常说："如果不是上帝的恩惠，我也会走上跟他一样的道路。"

你明天遇到的人中，可能有3/4都渴望得到别人的同情，如果你同情他们，他们就会喜欢你。

有一次，我做在播音节目时说到《小妇人》的作者路易莎·梅·奥尔科特女士。我当然知道她是在马萨诸塞州的康科特长大，并在那里完成了她的不朽名作。但我一不小心，说我曾到新罕布什尔州的康科特去参观过她的故居。假如我只说了一次"新罕布什尔州"或许可以原谅，但我接连说了两次。

随后，有许多信函、电报纷纷寄来质问我、指责我，有的甚至侮辱我，就像一群野蜂似的围绕在我身边。其中有位老太太，从小在马萨诸塞州康科特长大，现在住在费城，她对我发泄了她那强烈的怒火。我看到她那封信后，对自己说："感谢上帝，幸亏我没有娶这样的女人。"

我觉得应该写封信告诉她，虽然我弄错了地名，但她却连一点礼节常识都不懂。我准备就用这句话作为信的开头，于是，我卷起衣袖，打算告诉她我这些真心话。当然，我并没有那样做，我尽量克制自己。我知道只有愚蠢的人才会那样做。

我不想和愚蠢的人一般见识，所以我决定把对她的仇视变成友善，我对自己说："如果我是她的话，可能也会有同样的感觉。"所以，我决定对她表示同情。后来我去费城的时候，打了个电话给这位老太太，当时的谈话情形大概是这样的：

我在电话里说："夫人，几个星期前您写了一封信给我，对此我很感谢!”电话里传来她柔和、清晰、有教养的声音，问道：“请问你是哪一位？很抱歉，我听不出声音来。”

我对着手上的话机说：“对您来说，我不过是一个陌生人，我叫戴尔·卡耐基。几个星期前，您听了我的电台广播，指出了我那个无法宽恕的错误。我把《小妇人》作者奥尔科特女士的出生地点弄错了，这实在是个很低级的错误。我为这件事向您道歉，您花了时间写信指正我的错误，我也向您表示谢意。”

她在电话里说：“我很抱歉，卡耐基先生，我在信里发了那么大的火，我必须向你道歉。”

我坚持说：“不，不，不该由您道歉，该道歉的是我——即使是个小学生也不会出现像我那样的错误。关于那件事，我在第二个星期日的广播里已经道了歉！现在我要亲自向您个人道歉。”

她说：“我出生在马萨诸塞州的康科特，200年来，我的家族在那里一直很有声望，我以我的家乡为荣。当我听你说奥尔科特女士是新罕布什尔州的人时，我实在难过，可是那封信让我感到愧疚、不安。”

我说：“我愿意坦诚地告诉您，您的难过不及我的1/10。我的错误对马萨诸塞州来说没有任何损害，但却伤害了我自己。像您这样一位有身份有地位的人，难得花时间给无线电台的人写信。以后如果您在我的讲话中发现错误，希望您再写信给我指正。”

她在电话里说：“你这种愿意接受别人批评的态度，使人们愿意接近你、喜欢你。我相信你是一个很好的人，我很愿意和你交朋友。”

从电话的内容看来，当我站在她的立场上对她表示同情和道歉时，我同样得到了她的同情和道歉。能做到自我克制、以德报怨，使我对自己感到很满意。能够让对方喜欢我，使我得到了更多的快乐。

凡位居白宫的要人，几乎每天都会遇到棘手的人际关系问题。塔夫脱总统也不例外。他从经验中得出一个结论——同情是消解恶感最有效的药物。他在其著作《服务道德》中举了一个很有趣的例子，说到他是如何使一位野心勃勃而又满怀失望的母亲平息心中的怒火的。

住在华盛顿的一位女士，她的丈夫在政界有相当的影响力，她纠缠了我快两个月的时间，要我替她的儿子安排一个职位。她还拜托了几位参议员和她一起来见我，替她儿子的事说情。

可是，那个职位需要特别的技术能力。后来，经有关主管推荐，我委派了另外一个人。随后，我接到了那位母亲的来信，她在信中指责我不讲情义，因为我拒绝让她成为一位快乐的母亲。她的意思是说，我的举手之劳就可以使她快乐，可我却不肯这样做。她又说她曾经如何劝说她那一州的代表赞助我的一项重要法案，可我却如此报答她。

当你接到这样一封信的时候，首先要考虑的就是如何用严正的措辞去应对一个无礼而鲁莽的人，接着，或许你就动笔写信了。

可是，如果你是一个聪明的人，你会把这封信放进抽屉里锁起来，过两天再把这封信拿出来——像这类信，迟几天再寄出，也不会有什么影响。但是，当你两天后再拿出这封信来看时，你就不会投入邮箱了，而这正是我采用的办法。

在那之后，我坐下来尽力用最客气的措辞写了封信，告诉她，我知道一个母亲在这种情况下会感到极度失望。但我坦诚地告诉她，委任那样一个职务并非出于我个人的好恶，而是需要找一个合适的技术人才，所以我接受了别人的推荐。

我表示希望她的儿子在他原来的工作岗位上继续努力，以期将来有所成就。那封信使她平静下来，她又寄了一封信给我，对她上次所写的那封信表示歉意。

但我所委任的那个人，短时间内还不能来上班。这样过了几天，我又接到一封署名是她丈夫的来信，不过信上的笔迹跟过去那两封信上的完全一样。

这封信说，他妻子由于这件事导致神经衰弱，卧床不起，并得了严重的胃癌。为了使他妻子恢复健康，他请求我能否把已委任的那个人的姓名换上他儿子的姓名，以恢复她的健康。

我不得不再写一封信，这次是给她丈夫的。我表示希望他妻子的病况诊断是不准确的，并对他所遭遇的情形表示同情。但是，要撤回已委派的人是不可能的。几天后，那人正式上任——就在我接到那封信的第二天。我在白宫举行了一个音乐会，而最先到场向我和夫人致敬的就是这对夫妇，尽管这位夫人不久前还差点“重病而死”。

索尔·休洛也许是美国第一位音乐经纪人，20年多来，他一直与查理亚宾、邓肯、帕弗洛娃等世界著名的艺术家保持来往。休洛先生说，与这些性情无常的艺术家打交道，最关键的一点就是，必须同情他们，对他们那可笑、古怪的脾气必须彻底地同情。

休洛先生曾经担任查理亚宾的经纪人长达3年之久。查理亚宾是世界上最伟大的男低音歌唱家之一，大都会歌剧院高贵的观众无不为之倾倒。最令休洛先生伤脑筋的是，查理亚宾本身就是一个问题，他的行为就像一个被宠坏了的孩子。用休洛先生的话来说："他各方面都令人头疼。"

例如，晚间如果有音乐会的话，查理亚宾会在当天中午打电话给休洛先生："索尔，我觉得很不舒服，我的喉咙沙哑得很厉害，今晚我不能登台演唱了。"休洛先生听他这样讲，会和他争辩吗？不，休洛先生才不会那样做！他知道作为一个经纪人，绝对不能这样对待艺术家。所以，他会马上前往查理亚宾下榻的宾馆，十分同情地说："我可怜的朋友，那是多么不幸……当然，你是不能再唱了。我马上去通知取消今晚的演唱会，你虽然损失了几千美元的收入，但跟你的名誉相比，这算不了什么。"

查理亚宾听了，会怀着感触的心情叹息道："索尔，你下午再来一趟好了，看下午5点我的情形怎么样！"

到了下午5点，休洛先生来到查理亚宾的旅馆，坚持要替他取消演唱会。但是，查理亚宾却说："你再晚一点来看我，到那时，或许我会好一点！"

到了7点半，这位伟大的男低音歌唱家终于答应登台了。他唯一的条件就是要休洛先生登上大都会歌剧院的舞台，向听众说明查理亚宾患了重感冒，嗓子不太好。休洛先生会假意应承下来，因为只有这样，查理亚宾才会登台演唱。

再看下面的另一个案例。

杰伊·曼格姆是俄克拉荷马州塔尔萨市一家电梯维修公司的负责人，负责维护当地所有高端酒店的手扶电梯。每次维护电梯需要至少八个小时的时间。有一次，由于不想给客人带来不便，一位酒店经理不同意电梯停运太久，只接受暂停两个小时。这样一来，不仅人员安全得不到保障，而且机修工在酒店方便的时间也不一定有空。

于是，曼格姆先生特意安排公司里技术最好的员工负责这项工作，并给这位酒店经理打了一个电话。他在电话里没有和对方争吵，或是要求对方确保八个小时的时间，只是委婉地说："里克，我知道你们酒店客流量很大，所以您希望电梯维护时间越短越好。我理解您的顾虑，也会尽我最大的努力协助您。但是，根据我们以往的经验，如果这次不彻底修好电梯，极有可能会留下隐患。这样一来，当电梯再次出现问题时，就不只是停运八个小时的事情了。我想您绝对不想让客人一连几天都不能乘坐电梯吧。"

酒店经理听了，不得不承认八个小时的全面检修比起连续多天的暂停使用要好得多。

就这样，曼格姆先生由于体谅了酒店经理为客人着想的心情，顺利地赢得了他的信任与合作。

密苏里州的乔伊斯·诺里斯是一位钢琴教师，她讲述了自己与青春期女孩之间的一次小摩擦。

她的学生芭贝特喜欢留长长的指甲，而这对钢琴弹奏者来说可不是个好习惯。诺里斯夫人说："假如她想学好钢琴，长指甲势必会成为她的障碍。第一次课前沟通时，我丝毫没有提及指甲的事，我不想打击她学钢琴的积极性，也知道她在美甲上花了很多精力，她对自己漂亮的指甲感到十分自豪。

“第一节课后，我找了个恰当的时机，对她说：‘芭贝特，你的手很漂亮，指甲也很美。你在钢琴方面很有天赋，假如你想学好钢琴，应该把指甲剪短一点，这样弹起来会更容易，也将更加流畅。好好考虑一下，好吗?’她听后脸上表现出一种抗拒的神情。接着，我向她母亲称赞她的指甲很可爱，顺便提到了这个问题。她的母亲也感到十分为难，这说明美甲对芭贝特来说十分重要。

“第二周，当芭贝特来上课时，我惊讶地发现她的指甲已经修短了。我夸奖了她为此做出的牺牲，也私下感谢了她母亲的协助。没想到她的母亲说：‘这并不是我的功劳，那是她自己的决定，说实话，这是她头一次听从别人的建议把指甲修短。’”

诺里斯夫人威胁芭贝特了吗？她有没有对芭贝特说不剪指甲就不要来上课？当然没有。她称赞芭贝特的指甲很美，也理解修剪指甲对她而言意味着一种牺牲。她暗示芭贝特：“我懂得你的为难，也知道这对你来说是非常困难的决定，但是这对你的音乐发展而言是值得的。”

亚瑟·盖茨博士在其著名的《教育心理学》一书中这样写道：“人类普遍地追求同情，比如孩子会急切地展示自己受伤的地方，有的甚至故意割伤或弄伤自己，以博得大人的同情。成人也有类似的情形，他们会到处向人显示自己受到的伤害，叙述他们所遭遇的意外事故、所患的疾病，特别是动手术开刀的详细经过。为真实的或想象中的不幸而自怜，几乎是很普遍的心理现象。”

所以，赢得他人赞同的第九个秘诀：

同情他人的意念和欲望。

激发他人内心的高尚动机

我从小在密苏里州的一个小乡镇长大，它的附近有个卡梅镇，就是当年美国匪魁杰西·詹姆斯的故乡。我曾经拜访过詹姆斯的农场，那时他的儿子还住在那里。

他的妻子告诉我，当年詹姆斯如何抢劫银行、火车，然后把抢来的钱布施给贫穷的邻居，让他们去赎回典押出去的田地。

当时，杰西·詹姆斯心中大概把自己当成了一个理想主义者——正如几十年以后的苏尔兹、“双枪神射手”克洛雷和卡普恩及其他许多有组织的犯罪分子所想的那样。

事实确实也是如此，凡你所见到的人，甚至你照镜子时所看到的那个人，都会把自己看得很高尚，并认为自己是善良而无私的人。

银行家摩根在一篇短文中分析说：“一个人做任何事，通常有两种动机：一种是好听的，一种是真实的。”

人们会时常想到那个真实的动机，而我们每个人心中又大都是理想主义者，更倾向于那个好听的动机。所以，要想改变一个人的意志，需要激发他高尚的动机。

这种方法用在商业上是否过于理想化？下面是宾夕法尼亚州格利诺顿某家房屋公司的汉密尔顿·法莱尔先生的例子。

法莱尔有一个不满意的房客，经常威胁要搬走，但这个房客的租约还有四个月才到期，每个月的租金是55美元。而他声称马上就要搬走，根本不提租金的事。

法莱尔讲述了事情的经过：

“那个房客已经在这里住了整整一个冬季，这是一年中房租最高的时期。我知道，如果他搬走的话，在这个秋季之前，房子是很难租出去的。眼看220美元就要从我的口袋里飞走，真叫人焦急。

“假如这件事发生在过去，我一定会找到那个房客，要他把合同再看一遍，并向他指出，如果现在搬走，那四个月的租金仍须全部付清。

“不过，这次我采取了另一种办法。我对他说：‘杜伊先生，我听说你准备搬家，但我不相信那是真的。多年房屋租赁生涯，使我学到了不少观人料事的经验，我相信你是一位说话讲信用的人，而且我敢跟自己打赌，你就是这样的一个人。’

“房客静静地听着，没有任何的表示。我接着又说：‘现在，我的建议是这样的，请将你所决定的事情暂时搁在一边，不妨再考虑一下。如果你在下个月初租房到期之前，仍然决定要搬的话，我会同意你的请求……’

“我顿了顿，接着说：‘那时，我将承认自己的判断完全错误。不过，我还是相信，你是个讲信用的人，会遵守自己所立下的合约。因为我们究竟是人还是猴子，全在于我们自己的选择。’

“果然不出我所料，到了下个月，这位先生亲自到我这里来缴纳房租。他对我说，他已经跟他的妻子商量过，决定继续住下去。他们的结论是，最光荣的事莫过于履行租约。”

诺思克利夫爵士在世时，有一次看到一家报纸刊登了一张他不愿意公开的照片，就写了一封信给那家报社的编辑。他在信上没有说：“请勿再刊登我那张照片，我不喜欢那张照片。”他想激起那位编辑高尚的动机，他知道每个人都敬爱自己的母亲，所以，他在那封信上换了另一种口气说道：“由于家母不喜欢那张照片，请贵报以后不要再刊登出来。”

当约翰·洛克菲勒想要阻止摄影记者给他的孩子拍照时，他也打算唤起对方高尚的动机，他没有说：“我不希望将孩子的照片刊登出来。”他知道每个人内心都不愿意伤害孩子，因此，他换了种口气说：“诸位，我相信你们之中有很多都是孩子的父亲，如果让孩子太出风头，那并没有什么好处。”

希鲁斯·科迪斯本来是缅因州一个贫苦人家的孩子，后来却成为《星期六晚报》和《妇女家庭杂志》的负责人，赚了几百万美元。他在创办之初，没有能力像其他报纸、杂志那样付出很高的稿酬，也没有能力聘请国内一流作家替他的杂志撰稿，但是他运用了人们高尚的动机。

例如，他甚至说动了《小妇人》的作者奥尔科特为他撰写稿子，而当时她的声望正如日中天。科迪斯所用的方法很特别，是一般人所没有想到的：他签了一张100美元的支票，但不是把支票给奥尔科特，而是捐给了她最热心的一个慈善机构。

或许有人会怀疑说：“这种手段用在诺思克利夫、约翰·洛克菲勒和富于情感的小说家身上或许会有效。可是，将这种方法用在我要收账的那些不可理喻的人身上，是不是一样有效?”

确实，没有一种方法能在任何情形下都产生同样的效果，没有一种方法能在所有人身上都发生效力。如果你对现状满意，又何必再去改变呢？但如果你觉得不满意，不妨试一下。

无论如何，我相信你会喜欢我从前的一个学员詹姆斯·托马斯所讲的一个真实的故事。

某家汽车公司有6位顾客拒付一笔修理费，他们并非不承认那笔账目，而是认为其中有些账目记错了。不过，每次修理的账单上，都有他们的亲笔签名，所以汽车公司认为这些账目是不会出错的。

下面是汽车公司信贷部的职员去催讨这些账款时所采取的步骤，你认为他们会成功吗?

第一步，他们拜访每一位顾客，直截了当地告诉他们，是公司派他们来索取拖欠已久的账款。

第二步，他们很清楚地表示，公司的账目绝对不会弄错，所以肯定是顾客错了。

第三步，他们暗示，对于汽车方面的业务，公司显然要比顾客内行得多。

第四步，基于以上几点，根本不需要做无谓的争辩。

结果，双方争论起来。采取这些方法，能使顾客心甘情愿地付款吗？事情闹到这个地步，汽车公司信贷部经理只得准备诉诸法律，幸亏这件事传到了总经理的耳中。总经理查看了这几位欠账顾客过去的付款记录，发现他们过去都是按时付款。因此，他相信错误一定是出在公司方面——收账的方法不对。他把托马斯叫来，要他去收那些无法收回的“烂账”。

下面是托马斯先生所采取的步骤：

“第一，我去拜访每一位顾客，同样是要收回一笔积欠很久的旧账，但我对这些只字不提，只表示我是来调查一下公司对顾客的服务情况。

“第二，我坦白地表示，在尚未听完顾客的叙述之前，我不会发表任何意见。我告诉他们，公司方面也不是绝对没有错误的。

“第三，我告诉他们，我只关心他们的汽车，而他们对自己的汽车应该比谁都更了解，所以在这个问题上，我会先听从他们的意见。

“第四，我让他们尽量发表自己的意见，并在一旁静静地听着，对他们表示十分同情。当然，这也是他们所希望的。

“最后，那些顾客变得理智了一些，我请他们公平地想一想这件事，当然我想激发他们高尚的动机，所以我这样说：‘首先我希望您知道，我也觉得这件事的处置并不恰当，我们公司上次派来的代表已经烦扰、激怒了您，并给您带来很多的不便。那是不应该发生的事情，对此我很抱歉！我代表公司方面向您道歉。我听了您刚才所讲的话后，不能不为您的忍耐和公正所感动。正因为您的宽大胸襟，我才敢请您为我做点事情。这件事对您来讲会比任何人做得更好、更合适，因为您比谁都更清楚。这是您的账单，请您仔细核查一下什么地方记错了，就像您是我们公司的总经理在查账一样。我请您全权做主，您说多少就多少。’”

他们有没有核查账单？他们当然这样做了，而且显得十分高兴。这些账单的数目，从 150 美元到 400 美元不等，但顾客占到便宜了吗？是的，其中有位顾客拒付这笔争执款项中的一分钱，但另外 5 位顾客，都慷慨地付清了欠款。而这件事最妙的地方在于，在以后的 2 年中，那几位顾客都购买了我们公司的新汽车。

托马斯先生说："经验告诉我，当你应付顾客不得要领时，最妥当的办法是，你心里要假定顾客是真诚、诚实、可靠的，并且是愿意付账的。一旦你让他相信账目是对的，他就会毫不迟疑地付款。也就是说，人都是诚实的，而且愿意履行他们应尽的义务。

"这类情形很少有例外。我相信，如果真是那种有意为难的人，如果你让他感到你认为他是诚实、公道、正直的，大多数时候他也会做出积极的反应。"

所以，赢得他人赞同的第十个秘诀：

激发他人内心潜在的高尚动机。

戏剧化地表达你的思想

数年前，《费城晚报》受到了恶意的谣言攻击。有人指责这家报纸广告多于新闻，内容贫乏，缺少报道，读者失去了阅读兴趣，甚至感到不满。这使该报的发行数量急剧下降。为了戳穿谣言，《费城晚报》立即采取行动进行反击。

下面是他们所使用的方法：

他们将所有版面上每天的各项阅读资料剪下来，加以分类后编成一本书，书名就叫《一天》。这本书竟多达307页，和一本精装书的页数差不多，而《费城晚报》只售两分钱。

这本书证明了《费城晚报》的新闻资料丰富有趣。这种方法远比用图表、数字和空谈更生动、更清楚，给人留下了深刻的印象。

科特和考夫曼所著的《商业上的表演术》一书中列举了很多例子，用来说明如何增加一家公司的营业额。书中引述了一些典型案例，如一家电气公司在销售冰箱时，为了证明冰箱在通电时毫无声响，请顾客在冰箱边擦火柴，借着听到擦火柴的声音，来证明他们的冰箱没有一丝声音；洛巴克帽子公司的营业项目上写着，由电影明星安苏珊签过名的帽子，每顶是1.95美元；范尔巴停止活动陈设窗，如何失去了80%的顾客；一家玩具公司用了米老鼠的商标，如何由濒临破产转为生意红火；克莱斯勒汽车公司如何在一辆汽车上放几头大象，以证明其生产的汽车是坚固结实的。

纽约大学的巴顿和伯西通过分析15 000万个售货访问，写了一本书，名叫《怎样赢得一次辩论》。他们将其中的原则归纳成一篇演讲稿——《售货六原则》，接着把这些原则拍摄成电影，给数百家大公司的营业人员放映。他们还在各个公共场合进行示范表演，分别指出销售商品时正确和错误的方法。

这是一个富有戏剧色彩的时代，仅仅叙述其中的原理还不能产生具体的效果，必须使之更生动活泼、更有趣、更戏剧化，所以必须运用吸引人的方法。电影是如此，广播也是如此，所以，如果你想引起别人的注意，也应该这样去做。

橱窗展示专家显然非常了解“戏剧化”的惊人力量。例如，有一家灭鼠药制造商发明一种新鼠药后，专门为经销商布置了一个橱窗，上面放了两只活老鼠，以证实鼠药的功效。结果，在展示活鼠的那个星期，鼠药的销售量比平时增加了5倍。

电视广告中也有许多运用戏剧化的技巧来促销产品的案例。晚上，当你坐在电视机前，分析广告专家在每一个广告中的表现手法，你会看到一种解酸剂在试管中如何改变酸的颜色，而另一种解酸剂却无法做到；某一品牌的肥皂或洗衣粉如何洗干净沾上油污的衣服，而另一个品牌却仍会留下污渍；一辆汽车在转弯飞驰，比只用嘴说的表现得更好；以及对各种产品表示满意的快乐的面孔。这一切都是在戏剧化地表现产品所能提供的好处，而它们也确实能够吸引观众购买这些产品。

对于你所能想到的任何经商理念或生活中的一切事物，都可以用戏剧化的手法进行表现——这并不难做到。吉姆·伊曼斯是弗吉尼亚州瑞奇蒙市国家现金注册公司的一名推销员，他便善于通过戏剧化的示范手法来达到促销目的。他讲述道：

上周我拜访了我家附近一家杂货店的老板，发现他的收银机是一款非常过时的老古董，于是，我走过去对他说："实际上，您是在每一位顾客每次走过您的柜台时，把钱丢出去。"与此同时，我把一些硬币扔在地上，这马上引起了他的注意。我仅仅说了一句话，便引起了他的兴趣，而硬币丢在地上的声音使他停了下来。就这样，他和我签订了更新所有旧机器的订单。

戏剧化的手法同样适用于家庭生活。过去男人求婚时，是不是只说一些情话就可以了呢？当然不是！他还会跪下来，以表明他是认真的。现在人们虽然不再下跪求婚，但很多男人在求婚前，仍然会努力营造一种罗曼蒂克的气氛。

戏剧化的表现手法，对孩子也会很有效。

亚拉巴马州伯明翰市的乔·冯特先生为了让5岁的儿子和3岁的女儿配合收拾他们的玩具，特地发明了一列"火车"。儿子乔伊当司机，骑着他的三轮车；女儿珍妮的篷车则被连接在后面。晚上，当乔伊骑着车子在房间里穿行时，珍妮会把所有的"煤"装进由她的篷车改装而成的"货车"里，然后自己也跳进车里去。就这样，屋里扔得到处都是的玩具被收拾好了——完全不需要教训、斥责或恐吓。

印第安纳州米沙瓦卡市的玛丽·伍尔芙为了解决工作中遇到的一些问题，不得不与老板当面谈谈。

周一早晨，她请求与老板面谈，但老板说他很忙，让她先和他的秘书联系。但是，秘书说老板的日程表都排满了，不过，他会想办法安排一个时间。

然而，几天过去了，伍尔芙都没有得到秘书的通知。每当她问起这件事情，秘书总是找出老板没有时间见她的种种理由。时间很快就到了周五早晨，伍尔芙还是没有得到一个确切的时间。而她必须在周末前与老板谈谈她的问题，于是她问自己怎样才能得到老板的面谈。

最后，伍尔芙想了一个办法，她给老板写了一封很正式的信。她在信中表示完全理解他这个星期都很忙，但是她要谈的问题也非常重要。她在信中还附了一张日期和时间都留空待填的便条和一个写了她名字的信封，请他或由他的秘书填好日期和时间，然后寄给她。这张便条如下：

伍尔芙女士：

我将在 ×月 ×日 ×点抽出分钟与你见面讨论问题。

周五上午11点钟，伍尔芙把信放在老板的公文盒里。下午2点钟她去检查自己的信箱，果然收到了她写着自己名字的信封。老板亲自给她回了信，表示当天下午就可以见她，并给她10分钟的谈话时间。

就这样，伍尔芙顺利地见到了老板，并且谈了一个多小时，解决了她的问题。

如果伍尔芙没有把自己要见老板的事以戏剧化的方式表达出来，也许她直到现在还在等他。

詹姆斯·波恩顿任职于《美国周刊》，他这次要做一个长篇的市场报告。他的公司刚刚替一家最著名的润肤霜品牌完成了一项详细的市场调查。客户要求调查数据必须马上提交，而客户正是广告界资本最为雄厚，也最让人头疼的人。

波恩顿先生承认，第一次接洽还没开始就失败了。他说："第一次我进去后，居然跑题了，讨论起调查方法来，双方吵了起来，客户指责我是错的，而我则竭力证明自己是对的。

"最后，我的理由虽然占了优势，自己也觉得很满意，但是我的时间到了，会谈结束了，我仍然没有得到自己想要的结果。

"第二次，我没有去理会那些数字和资料，而把事实用戏剧化的手法表达出来。我进入客户的办公室时，他正忙着接电话，等他打完电话，我打开一个手提箱，拿出32瓶润肤霜放在他的办公桌上。他知道这些东西都是同行业的竞争产品。

"我在每个瓶子上都贴了一张纸条，上面写着调查的结果。那些纸条上也简明地写上了该项产品过去的情况。结果如何呢？

"这次我们没有发生争执，反而产生了一种全新的、截然不同的结果——他拿起一瓶又一瓶的润肤霜，阅读纸上的文字说明。接着，友好的谈话展开了，我们极为融洽地交谈起来，他问了若干其他的问题，并且很感兴趣。他本来只给我10分钟的谈话时间，可是10分钟过去了，接着是20分钟、40分钟，快到一个小时的时候，我们还在交谈。

“实际上，我所讲的内容跟上次完全一样，但是，这次我采取了戏剧化的表现手法，效果截然不同！”

所以，赢得他人赞同的第十一个秘诀：

戏剧化地表达你的思想。

无计可施时不妨试试激将法

在查理斯·施瓦伯管理下的一家钢铁厂，由于达不到标准化的生产量，施瓦伯找来那家钢铁厂的厂长，问道："这到底是怎么回事？像你这样能干的一个人，竟然不能使那些工人完成任务？"

厂长回答说："我也弄不清楚是怎么回事——我用温和的话语鼓励他们，有时不得已也斥责他们，甚至用降职、开除来威胁他们，但他们就是不肯辛勤地工作。"

他们谈话的时候是日班快结束、夜班即将开始之时。

施瓦伯对厂长说："你给我一支粉笔。"他拿着粉笔走向旁边的工人，问其中一名工人："你们这班今天完成了几个单位？"那个工人回答说："6个。"

施瓦伯听了一言不发，用粉笔在地上写了一个大大的"6"，然后就走了。

夜班的工人来接班，看到了这个"6"，就问是什么意思。

日班的工人说："大老板刚才来这里，问我们今天完成了几个单位，我回答说6个，他就在地板上写了这个'6'。"

第二天早晨，施瓦伯又来到这家钢铁厂，发现夜班工人已把“6”擦去，换上了一个大大的“7”。

这天，日班的工人看到地上已换上了一个“7”，感到夜班工人是要证明他们比白班工人强。哦，真的？那好，他们决定给夜班工人一点颜色看看，于是，他们自觉地加紧工作。当天日班工人下班时，他们留下了一个大得出奇的“10”——情况就这样渐渐好转过来了。

没有多久，这家原本生产一度落后的钢铁厂比其他任何一家工厂的产量都要高。

这是什么原因？用施瓦伯的话来说：“如果我们想要圆满地完成生产任务，必须鼓励竞争，这并不是指卑劣、谋利的竞争，而是要有一种超越对手的欲望。”

超越的欲望加上挑战的心理，对一个有血性的人来说是一种最有效的激励。

如果没有这种“挑战”，罗斯福不会入主白宫坐上总统的宝座。

这位英勇的骑士刚从古巴回来，便被推举为纽约州州长的候选人。然而，反对党指责罗斯福已不是纽约州的合法居民，他心里十分恐慌，想要退出竞选。这时，党魁托马斯·普拉特适时采用了激将法，他转身对罗斯福大声地说：“难道圣巨恩山的英雄竟是一个懦夫？”就是这句话，使罗斯福挺身而出，与反对党对抗——后来的种种演变，历史上都有详细的记载。

这个“挑战”，不仅改变了罗斯福的一生，对美国历史也产生了重大影响。

古希腊的一位先哲说："人人都会有害怕的时刻，但是，勇敢的人会将恐惧放在一边，勇往直前，最终他也许会走向死亡，但更多的是通往胜利。"世上还有什么会比克服困难更具有挑战性呢？施瓦伯知道"挑战"具有极大的力量，普拉特知道，史密斯也知道。

鬼岛西端有一座恶名远扬的"星星监狱"。这座监狱没有监狱长，里面凶狠的犯人恶语相加，随时可能发生危险。纽约州州长阿尔·史密斯需要一位坚毅、勇敢的人去治理"星星监狱"。可是，谁能胜任这个职务呢？他想到了新汉普顿的刘易斯·劳斯。

当劳斯站在他面前时，史密斯愉快地说："去照顾'星星'如何？那里需要一个有经验的人！"

劳斯感到很为难——他知道"星星监狱"的情形，那里十分危险，随时会受到政治变化的影响。那里的监狱长一再地更换，从来没有人能够坚持三个星期。他必须考虑自己的前途，这值得冒险吗？

史密斯看出了他的犹豫，于是往椅背上一靠，微笑着说："年轻人，我不会怪你胆小。那里确实不是一个太平的地方，只有具备大人物才干的人才会有这份魄力去那里工作。"

史密斯是不是提出了一个挑战？劳斯心中立刻产生了一种想要尝试需要一个"大人物"的工作的意念。

于是他去了，并且在那里长久地干了下去。结果，他成了当今美国最著名的监狱长。他曾完成了一部名为《星星监狱两万年》的著作，一时洛阳纸贵，畅销全国。他还曾在电台广播讲述他在狱中的生活故事，这些故事后来被拍成了很多部电影。他对罪犯“人道化”的见解，后来造就了许多监狱改革的奇迹。

凡士通轮胎公司的创办人凡士通曾经说过：“别以为用高额的薪金就能吸引优秀人才替你工作，只有竞争才能发挥他们的工作效能。”

那是任何一位成功人士都喜爱的竞技！因为那是一个可以表现他自己的机会，能够证明他的能力、价值胜过别人。伟大的行为科学家弗里德里克·赫兹伯也同意这一观点。通过对上千名工人及高级经理的工作态度进行研究，他发现最富激励性的因素不是工作具有刺激性，较高的薪水，良好的工作条件、福利待遇，而正是工作本身。如果一项工作令人振奋和感兴趣，人们就会渴望去做它，并尽最大的努力去做好它。

所以，赢得他人赞同的第十二个秘诀：

向对方提出一项有价值的挑战。

第四章　获取他人信服的9个诀窍

◎ 如果必须批评不妨先试着称赞

◎ 委婉地提醒对方的错误

◎ 批评他人之前先谈自己的不足

◎ 用建议代替命令

◎ 顾全对方的面子

◎ 赞许他人最微小的进步

◎ 给他人一个好名声

◎ 使他人的错误看起来更易改正

◎ 善于向他人授权

如果必须批评不妨先试着称赞

卡尔文·柯立芝总统在任的时候，我的一个朋友应邀于周末到白宫去做客。当他走进总统的私人办公室时，恰好听到柯立芝对他的一位女秘书说："你今天穿的衣服很漂亮，真是位年轻迷人的姑娘。"

平日里沉默寡言的柯立芝总统很少赞美别人，现在却对他的女秘书说出那样的话来，以至于那位女秘书脸上顿时涌现出一层鲜艳的红晕。柯立芝总统接着又说："不要太高兴了，我刚才说的话是为了让你感到好过一些，从现在起，我希望你对公文的标点符号要稍微注意一点。"

他的方法虽然稍嫌明显了些，但是却巧妙地运用了心理学中的沟通技巧。当我们听到别人对自己的称赞后，如果再听到其他不愉快的话，也会比较容易接受。

威廉·麦金莱在1896年竞选总统时，也运用了这个方法。

共和党的一位重要党员绞尽脑汁撰写了一篇竞选演讲词，自认为写得非常高明。他很高兴地在麦金莱面前把这篇演讲词朗读了一遍——他认为这是他的不朽之作。这篇演讲词虽然有不少可取之处，但并不尽善尽美，麦金莱听了感到不太合适，如果发表出去，可能会引起一场风波。他不愿辜负对方的一番热忱，但又不得不说这个“不”字。现在，我们来看看他是如何应付这件事情的。

麦金莱这样说：“我的朋友，这真是一篇极为少见的、精彩绝伦的演讲词，我相信再也不会有人比你写得更好了。就许多场合来说，这确实是一篇非常适用的演讲词，可是，对这次特殊的场合，是不是也十分适用呢？从你的立场来说，那是非常合理而切题的。可是，我必须从党的立场来考虑发表这篇演讲词所产生的影响。现在请你回家去，按照我所提出的重点，重新撰写一篇演讲词，并送一份给我。”

他果然照办了，麦金莱用蓝笔对他的第二份草稿加以修改。结果，那位党员在那次竞选活动中成为最有力的助选员。

下面是林肯写的第二封最著名的信件（林肯第一封最著名的信件是写给贝克斯贝夫人的，为她 5 个儿子牺牲在战场上表示哀悼）。林肯写这封信可能只花了 5 分钟时间，但这封信在 1926 年公开拍卖时，售价却高达 12 000 美元。这个数目比林肯辛苦工作 50 年的积蓄还要多。

这封信是林肯在 1863 年 4 月 26 日，内战最黑暗的时期写给约瑟夫·胡克将军的。当时已是第 18 个月了——林肯的将领们带着联军连遭惨败，到处都是无益的、愚蠢的相互残杀。一时人心惶惶，全国哗然，数以千计的士兵临阵脱逃，甚至参议院里的共和党议员也起了内讧。更令人震惊的是，他们要强迫林肯离开总统府。

林肯这样说："我们现在正处于生死存亡的边缘——我似乎感觉到上帝也在反对我们，我看不到一丝希望的曙光。"这封信就是在如此黑暗、混乱的时期写出来的。

我摘录这封信的主要目的，是为了说明林肯是如何设法改变一位固执的将领的，而当时全国成败的命运都系于这位将领身上。

这也许是林肯就任总统后写信措辞最锐利、最不客气的一封信，但我们仍可注意到，林肯在指出胡克将军的严重的错误前先称赞了他。

是的，那些错误确实很严重，但林肯并没有直接指出来。他落笔稳健，富有外交手腕，他是这样写的："有些事，我对你并不十分满意。"

下面就是林肯写给胡克将军的信：

我已任命你为波多马克军队的司令官，当然，我这样做是有充分理由的。但是，我希望你也知道，有些事，我对你并不十分满意。我相信你是一个睿智善战的将军，当然，这点是我感到欣慰的。同时我也相信，你不会把政治和你的职守掺混在一起，这方面你做得很不错。你对自己有坚定的信心——这是一种有价值的、可贵的美德。

你有雄心壮志，这在相当范围内是有益而无害的。但是，在伯恩赛将军带领军队的时候，你纵容自己的野心行事而竭力阻挠他。在这件事上，你对你的国家以及一位功勋卓著、享有盛誉的同僚军官犯下了一个极大的错误。

我曾经听说并确信，你说军队和政府需要一位独裁者。当然，我给予你军队指挥权，并非出于这个原因。同时，我也没有想到那些。

只有在战争中获得胜利的将领，才有当独裁者的资格。目前，我对你的期望是军事上的胜利，所以不惜冒独裁的危险。政府将会尽一切能力帮助你，就像以往及今后帮助其他将领一样。我深恐你灌输于军队和长官那种不信任上司的思想会落到你自己身上，所以我愿意竭力帮助你改变你这种危险的思想。

军队中如果有这种思想存在，即使拿破仑还活在这个世界上，也绝不会有什么好处。现在切莫轻率推进，也不要过于匆忙，需要以充沛的精力和永不疲倦的努力，去争取我们的胜利。

你不是柯立芝，也不是麦金莱，更不是林肯，你想知道这种哲学在日常生活运用中，对你是否真的有用，是吗？下面我们以费城华克公司的卡伍先生为例来说明。

卡伍先生和你我一样是个普通人，他是我在费城举办的一个培训班里的学员。下面是他在培训班里讲述的一个故事。

华克公司在费城承包建设一座办公大厦，而且指定在某一天必须竣工。这项工程进行得非常顺利，眼看这座大厦就要完成了。这时，承包外部铜器装饰的商人突然说他不能如期交货。什么！整个建筑工程都要停顿下来？不能如期完工，就意味着要交付巨额罚款！

长途电话，激烈的争吵，都毫无用处，于是，卡伍被派往纽约与那个商人当面交涉。

卡伍走进这位商人的办公室，开口便说："您该知道，您的姓名在布鲁克林市中是绝无仅有的。"这位经理听了感到十分惊讶，摇摇头说："不，这我可不知道。"

卡伍说："今天早晨我下了火车，查看电话簿找您的地址，发现布鲁克林市里只有您一个人叫这个名字。"

那位经理说："我从来没有注意过。"他很感兴趣地把电话簿拿来查看，果然一点也不错，真有这回事。他很骄傲地说："是的，这是个不常见到的姓名，我的祖先原籍是荷兰，搬来纽约已有200年了。"接着，他向卡伍谈论起他的祖先和家世来。

卡伍等他谈完，又找了个话题，赞美他拥有这样一家规模庞大的工厂："这是我所见过的铜器工厂中最整洁、完善的一家。"

那位商人说："我花了毕生的精力来经营这家工厂，对此我很引以为荣。你愿意参观我的工厂吗?"

参观的时候，卡伍连声称赞其工厂的管理组织系统，并且指出它在哪方面比别的工厂强，同时也高度赞赏了几种特殊的机器。这位商人告诉卡伍，那几种机器都是他自己发明的。他花了很长时间说明这类机器的使用方法和特殊功能。他坚持请卡伍一起吃午餐。直到此时，卡伍对自己的来意仍只字未提。

午餐后，那位商人说："现在言归正传，我当然知道你此行的目的，只是没想到我们见面后会谈得这么愉快。"他脸上带着笑容，接着说，"你可以先回费城，我保证你们的材料会准时运到你们那里，即使牺牲了其他生意，我也愿意。"

卡伍并没有提出任何要求，但却顺利地达到了自己的目的。最后，那些材料果真如期交齐，而那座大厦也没有受到任何影响，如期完工。

现在话说回来，如果卡伍当时用了激烈争辩的方法，会不会有这样满意的结果呢？

桃乐茜·鲁布卢斯基是新泽西州福特蒙马斯市联邦信用合作社的支行经理，下面是她帮助员工提高工作效率的经过。

近日，我们公司来了一位实习出纳，她与顾客相处得非常不错，在处理某些特殊事件时也显得很有效率，不过，有一天结账时她却出现了问题。

出纳组长强烈建议我辞退她，他说："她结账实在太慢了，耽误了所有人的工作。我已经教了她无数遍，但她就是学不会，一定要辞退她才行。"

然而，第二天我却发现她迅速处理了所有的日常交易，而且与顾客相处得非常融洽。不过，没过多久，她在结账时又出现了问题。

下班后，我找她聊了聊。她显得焦虑不安，我赞扬了她对顾客的友善和热情，以及她的工作效率和良好表现。接着，我建议她和我一起复习一下平衡现金的过程。我对她充满了信心，而她显然意识到了这一点，于是按照我的建议，迅速熟悉了这个工作流程。从此，她再也没有犯过错误。

在批评之前试着先称赞，就像牙医使用麻醉药一样，病人虽然仍要承受钻牙之苦，但麻醉药却能有效地减轻他们的痛苦。

所以，获取他人信服的第一个诀窍：

从真诚的赞美和欣赏开始。

委婉地提醒对方的错误

一天中午，查理斯·施瓦伯偶然走进他的一家钢铁厂，看到几个工人正在吸烟，而在那些工人头顶上方的墙上，正悬挂着一块写有“禁止吸烟”的牌子。施瓦伯会不会指着那块牌子对工人们说：“你们不识字吗?”当然不会，施瓦伯绝不会这样做。

他走到那些工人面前，拿出烟盒，递给他们每人一支雪茄，并且说：“嗨，孩子们，别感谢我给你们雪茄，如果你们能到外面去吸烟，我会更加高兴。”那些工人已经知道自己违反了规定——但他们钦佩施瓦伯，因为他不仅没有责备他们，而且还给他们每人一支雪茄当礼物，使他们感觉受到了被尊重。像施瓦伯这样的人，你能不喜欢吗?

约翰·华纳梅克是费城一家大型百货公司的老板，他也喜欢运用同样的方法处理事情。

华纳梅克每天都会去自己的百货公司巡视一次。有一次，他看见一位女顾客站在柜台外面等着买东西，但就是没有人去招呼她。售货员们都聚在柜台的另一端聊天。华纳梅克一声不响，悄悄地走到柜台里面，自己招呼那位女顾客。然后，他把成交的商品交给售货员去包装，自己则走开了。

我们要劝阻一件事，应该永远躲开正面的批评，这是必须牢牢记住的。如果有必要的话，我们不妨旁敲侧击地去暗示对方。正面的批评会挫伤一个人的自信，剥夺他的自尊。如果你旁敲侧击，对方更能明白你的用心良苦，不但会欣然接受，还会感激你。

1887年3月8日，美国最富于口才的牧师、演说家亨利·华德·毕切尔去世了。下一个星期日，莱曼·阿伯特牧师应邀向那些因毕切尔去世而伤心不已的牧师演讲。他竭尽所能，希望这次演讲能取得成功，于是事前写了一篇演讲词，并一再修改润色。然后，他把演讲词读给他的妻子听。然而，这篇演讲词写得并不理想，和大多数演讲词没什么两样。

如果他的妻子没有足够的修养和见解，一定会这样对他说："阿伯特，这篇演讲词糟透了，绝对不能用。如果你这样讲的话，听众一定会睡着的，它听起来就像一本百科全书。你讲道这么多年，应当知道如何写得更好。老天爷，你为什么不像平常讲话那样去讲呢，为什么不自然一些？"

她当然可以这样对她丈夫说！但是，如果她这样说，后果又会如何呢？

阿伯特太太无疑知道批评别人的技巧，所以她巧妙地暗示丈夫，如果把这篇演讲词拿到《北美评论》去发表，确实是一篇极好的文章。也就是说，她虽然赞美丈夫的杰作，但也巧妙地暗示他这篇演讲词并不合适。阿伯特听出了妻子的暗示，于是把这篇绞尽脑汁才完成的演讲词撕碎。然后，他什么也没有准备，就去发表了演讲。

人们一向对政府官员高高在上、难以接近感到不满。政府官员确实工作繁忙，但人们之所以难以见到他们，根本原因在于他们的秘书为了避免打扰领导，不愿安排过多的访客。卡尔·兰福德是迪士尼乐园所在地——佛罗里达州奥兰多市的市长，多年来他总是要求下属要主动亲近人民，并实行“开门迎宾”的政策。然而，市长秘书和行政官员仍然把来访的市民挡在门外。

面对这种情况，卡尔·兰福德不得不采取终极措施——拆掉办公室的大门！当大门被戏剧性地“打开”之后，他终于实现了真正意义上的行政公开。

有时，一个词就可以决定成败。假如换掉这个简单的词汇，你便能不知不觉地改变别人。

生活中，人们在提出意见时常常以称赞开始，以“但是”转折，以批评收尾。比如，父母希望孩子改变学习上粗心大意的习惯时，通常会说：“约翰，我们真心为你这个学期的进步感到骄傲。但是，如果你在代数上再努力一些，成绩肯定会比现在更好。”

我们可以想象，孩子在听到“但是”之前，会大受鼓舞，然而，一个“但是”改变了他的想法，使他觉得前面的夸奖只是一种敷衍，主要是为后面的批评做铺垫。所以，父母的说话方式使得整句话的可信程度大大降低，因而对纠正孩子的学习态度毫无帮助。

不过，如果父母能够用“而且”来代替“但是”，效果就会截然不同：“约翰，我们真心为你这个学期的进步感到骄傲。而且，你在下学期如果继续保持这种认真的态度，你的代数成绩一定会和其他科目一样好。”

这样一来，孩子就能欣然接受父母的夸奖，因为夸奖后面没有批评在等着他。父母通过间接的方法引起了孩子的重视，而孩子也一定会尽力不让父母失望。

通常，直接的批评会引起敏感之人强烈的敌意，而间接地指出错误却能产生神奇的效果。

下面我们来看看罗德岛的玛吉·雅各布是如何巧妙运用这一方法，让粗心大意的建筑工人自愿在施工完毕后帮她打扫干净的。

施工开始的前几天，雅各布夫人下班回家后，发现院子里遍地都是木材废料。建筑工人的木工活做得很好，她不愿让人觉得自己挑剔难伺候，于是叫上孩子一起清理了院子。他们把全部碎木头搬到院子的一个角落里，摆放得整整齐齐。

第二天早晨，雅各布夫人把工长叫到一旁，对他说：“你们昨晚把草坪清理得那么干净，太让我感动了。这样做很美观，也不会让邻居感到不愉快。”从那天开始，工人们在一天的工作结束后，总会把剩余的边角料清理干净，堆放在角落里；工长也会亲自检查前一晚收工后的清理情况。

在军队中，预备役士兵和教官之间最常见的争执就是发型问题。预备役士兵认为自己是平民百姓（在大多数时间里确实如此），不需要剪短头发。

美国陆军后备队第542期训练营的军士长哈雷·凯瑟，在训练预备役军官时也不可避免地遇到了这一难题。通常来说，遇到这种情况，资深的常规军军士长会对下属大吼大叫，威胁他们，但凯瑟没有这样做，而是间接地表明了自己的态度。

"先生们，"他说，"你们都是领导者，只有以身作则，你们的命令才会得到有效的执行。所以，你们必须在自己的下属面前做出表率。你们都知道军队里对于发型的相关规定。我现在的头发比你们的短得多，但我今天照样会去理发。你们回去好好照照镜子，如果想做个好榜样，我会给你们时间去营区理发部理发。"

这番话无疑是十分有效的。当天下午，几位预备役军官对着镜子认真审视了一番，然后到理发店去剪了个标准发型。第二天早晨，凯瑟军士长表示，他看到队伍中一些人已经具备了领导者的气质。

所以，获取他人信服的第二个诀窍：

委婉地指出对方的错误。

批评他人之前先谈自己的不足

数年前，我的侄女约瑟芬离开堪萨斯城的家，到纽约来做我的秘书。约瑟芬当时才 19 岁，3 年前高中毕业，几乎没有任何工作经验，现在她已经是一位很能干的秘书了。

刚开始的时候，我觉得她很多地方实在有待改进。有一天，当我想要批评她时，我对自己这样说："慢着，且等一等，戴尔·卡耐基，你的年纪比约瑟芬大一倍，经验也比她多一万倍。你怎么能希望她拥有和你一样的观点、判断力及见解呢？——尽管这些都是很平凡的。戴尔，在你 19 岁的时候，你做了些什么？还记得你那笨拙、愚蠢的错误吗？"

经过真诚而公平的对比后，我发现约瑟芬比我当年要强多了。所以，从此以后，当我提醒约瑟芬注意她的错误时，我总是这样说："约瑟芬，你犯了一点错，可上帝知道，你并不比我所犯的错误更糟。你并非天生就具有判断力，那是需要从经验中得来的。而且，你比我当年同样的年纪时要强多了、乖多了。我自己也曾犯过很多愚蠢的错误，我决不想批评你或是其他任何人，但是，如果你照这样去做，不是更聪明一点吗？"

如果批评者首先谦逊地承认自己也不是十全十美、无可指责的，然后再指出别人的错误，这样就比较容易让人接受了。

迪利斯通是加拿大曼尼托巴省布兰顿市的一位工程师，他的秘书经常犯一个错误：当她把迪利斯通口述的信件打好后再交给他签名时，每页总会出现两三处拼写错误。

对于这件事，迪利斯通是怎么处理的呢？

正如许多工程师一样，迪利斯通的英文或拼写也不好。几年来，他总是随身携带一个笔记本，用来记录那些比较生疏的词。对于秘书的错误，他发现即使指出来，她也不会多读几遍或查查字典。于是，他决定试试别的方法。当他又一次发现秘书的拼写错误时，他让秘书坐下来，对她说："这个词不知为何总让人觉得不大对劲，我也经常不会写这个词，于是制作了这本拼写本（他打开自己的笔记本，翻到那一页）。对了，就是这个。现在我对拼写比较在意，因为人们通常会以拼写正确与否来判断我们的专业水准。"

秘书是否有按他的方法去做无从得知，但自从那次谈话之后，她拼写错误的概率明显下降了很多。

由此可见，假如我们能够谦虚地承认自己也会犯错，那么，别人对于我们指出的错误，接受起来也会容易得多。

处事圆滑的布洛亲王，早在1909年就已深切感受到使用这种方法的重要性。

当时布洛亲王是德国总理大臣，而德国皇帝则是威廉二世，他目空一切，高傲自大，花费巨额经费建设陆、海军，欲与全世界为敌。

于是，一件惊人的事情发生了！这位德国皇帝说了一些令人难以置信的话，震惊了整个欧洲，甚至影响到世界各地。最糟糕的是，他把这些可笑、自傲、荒谬的言论在他做客英国时当着群众的面发表出来。他还允许《每日电讯报》按其原意在报上发表出来。

例如，他说他是唯一对英国友好的德国人，他正在建造海军以应对日本的侵略。他还表示，只有他才能使英国不致向法、俄两国称臣。他又说，英国罗伯特爵士在南非战胜荷兰人都是根据他的征讨计划。

在这100年来的和平时期，欧洲没有任何一位君主会说出这样惊人的话——当时欧洲各国一片哗然。英国人民非常愤怒，而德国政治家更是惊骇万分。

在这种形势下，威廉二世也渐渐感到事态严重而有些慌张了。他向布洛亲王暗示，要布洛代为受过。是的，威廉二世希望布洛亲王宣称所有责任都在他身上，是他建议德国皇帝说出那些令人难以置信的话。

然而，布洛亲王只做了这样的表示："但是陛下，恐怕德国人或是英国人都不相信我会建议陛下说出这些话。"

布洛亲王说完，立刻发觉自己犯了一个严重的错误。果然，这话激起了威廉二世的愤怒，他咆哮道："你认为我是一头笨驴，只会犯你永远都不会犯的错误！"

布洛亲王知道他应该先做某种称赞，然后再指出皇帝的错误，但话已出口，他只能退而求其次，在批评之后再加以赞美。结果立刻出现了奇迹——其实称赞的效果常常如此。

布洛亲王恭敬地说："陛下，我绝对没有那种意思，陛下在许多方面都远胜于我，当然不止海陆军的知识，尤其是在自然科学方面。陛下每次谈到晴雨表、无线电报或伦琴射线等科学原理，我总是替自己感到羞愧，感觉自己知道得太少了……我不懂各门自然科学，化学、物理更是一窍不通，连极为普通的自然现象也无法解释。但略可弥补的是，我对历史知识略知一二，同时也有一点政治上的才能，尤其是外交上的才能。”

威廉二世的脸上终于显现出笑容来，因为布洛亲王称赞了他。布洛抬高了他，贬低了自己。经过布洛这番解释后，威廉二世宽恕和原谅了布洛。他说：“我不是常跟你说，你和我以彼此能相辅相成而闻名，我们需要真诚的合作，而且我们也愿意这样做。”

他不止一次同布洛握手，那天下午，他紧紧握着布洛的手说：“如果有人对我说布洛不好，我就一拳打扁他的鼻子。”

布洛亲王及时救了自己。作为一个手腕灵活的外交家，他还是犯了一个错误：他应该先谈自己的短处和德皇的长处——不能暗示德皇是个智力不足、需要别人保护的人。

如果几句贬损自己而称赞对方的话，就可以把傲慢孤僻的德皇变成一个热诚可靠的朋友，那么试想一下，谦逊和称赞在我们的日常生活中会产生哪些效果呢？如果我们运用得当，便可在人际关系上创造奇迹。

只要一个人愿意承认自己的错误，即使他还没有改正，也有助于帮助另一个人改变其行为。马里兰州提蒙尼姆市的克劳伦斯·周哈森便亲自验证了这一规则。

有一天，克劳伦斯·周哈森发现15岁的儿子正在尝试抽烟。

“毫无疑问，我不希望大卫吸烟，”周哈森说，“不过，我和妻子都吸烟，我们给他树立了一个坏的榜样。我向大卫解释说，我开始抽烟时也和他同龄，尼古丁最终战胜了我，使我有了烟瘾。同时，我提醒他，我咳嗽得很厉害，如果他也吸烟，很快就会像我那样。”

周哈森没有劝儿子不要吸烟，或是警告他吸烟的害处。他只是说明自己是如何吸上烟并深受其害的。他的儿子思考了一会儿，决定在高中毕业前不再吸烟。直到现在，他的儿子确实没有再吸过烟。那次谈话之后，周哈森也决定戒烟。在家人的支持下，他最终戒烟成功。

所以，获取他人信服的第三个诀窍：

在批评别人之前，先谈自己的错误。

用建议代替命令

最近我很荣幸能和美国著名传记作家伊达·塔贝尔女士一起用餐。当我告诉她我正在写这本书后，我们开始讨论为人处世这个重要话题。她告诉我，她在撰写欧文·杨的传记时，曾经访问一位与欧文·杨先生同在一个办公室工作了3年的人。

那人说，在这3年的时间里，他从来没有听过欧文·杨对任何一个人下达过命令。他的措辞始终是建议，而不是命令。

例如，欧文·杨从来没有说过做这个、做那个，或者是别做这个、别做那个。他总是说“你不妨考虑一下这个”或者“你认为那个有效吗”。

当他口述完一封信后，经常会这样问：“你认为如何?”当他看完助理写的信后，他会这样说：“或者我们这样措辞会比较好一点。”他总是给别人做事的机会，他绝不告诉他的助手应该怎样做，而让他们在错误中积累经验。

欧文·杨的方法让人很容易改正原来的错误。运用这种方法，维护了一个人的自尊，而且让他感觉到自己的重要性。这种方法也很容易赢得对方的真诚合作，而不会有任何的反抗或拒绝。

颐指气使地命令别人，即使出发点是好的，也会让人心怀不满。

丹·圣雷利是宾夕法尼亚州怀俄明市一所职业学校的老师，他对这一点深有体会。

当时，一个学生在校园里违规停车，堵住了学校的大门。有个老师见状，怒气冲冲地走进教室，不耐烦地问道："是谁的车把大门堵住了？"车主回应后，这位老师叫道："立刻挪走你的车，否则我就用铁链把你的车捆起来拖走！"

这件事确实是学生做错了，他不该把车停在那里。但是，从那天起，这位老师不仅让事主怀恨在心，而且遭到了全班学生的联合抵制，以种种令他难堪不快的行为来为难他。

假如这位老师当时换一种处理方式，结果又会如何呢？如果他友好地询问"门口的车是谁的"，然后建议车主把车移开，使其他车能够顺利通过，那个学生一定会主动配合，其他学生也不会为此愤愤不平。

以询问代替命令，不仅让人听起来更悦耳，还能激发其创造力。假如人们能参与决定是否开出某张订单，他们接受订单的可能性也会大大提高。

伊恩·麦克唐纳在南非约翰内斯堡一家主营精密器械部件制造的小型工厂担任经理。最近他有机会签到一笔大订单，但是以工厂目前的产能，不太可能顺利交货。工期已经排满了，新订单的时间又太仓促，如果在规定期限内无法交货，势必不能接单。

麦克唐纳没有强迫员工们加班加点，而是把他们召集到一起，详细解释目前的状况，并说明这个订单将使公司获益良多，同时员工也会得到更多的收入。最后，他问道："大家觉得有没有可能完成这份订单呢？能否重新排一下工期，以便把这一单也赶出来？"

最终，员工们达成一致："可以把我们的上班时间和工作量为这一单调整一下。"

大家想出了许多办法，并强烈建议他接下订单。随后，他们以"我们一定能行"的态度努力工作，最终顺利交了货。

所以，获取他人信服的第四个诀窍：

给对方提建议，而不是直接下命令。

顾全对方的面子

数年前，美国通用电气公司遇到了一件棘手的事情——他们打算撤掉查尔斯·斯坦米兹的会计部主管职位。

在电学方面，斯坦米兹可以说是一等的人才，但是，他担任会计部主管却很外行。但由于斯坦米兹是电学方面不可多得的人才，并且为人极其敏感，公司不敢得罪他。于是，公司特别授予他一个新头衔，请他担任通用电气公司的顾问工程师，而另派他人担任会计部部长的职位。

斯坦米兹很高兴，通用电气公司的主管人员也很满意。他们在平和的气氛中调动了一位喜怒无常的高级职员——而双方并没有发生任何不愉快的事情，因为他们保全了斯坦米兹的面子。

由此可见，顾及一个人的面子是多么重要！然而，我们中很少有人想到这一点。我们总是毫不留情地蹂躏别人的感情，找出别人的错处，或者加以恐吓，当着别人的面批评孩子或是员工，毫不考虑别人的自尊！其实，我们只需花几分钟的时间想一想，再说一两句体恤的话，谅解对方的立场，就可以避免很多伤害。

下面我引述会计师格雷奇写给我的一封信进行说明：

辞退雇员并不是一件有趣的事。被辞退的人，当然更不觉得有趣可言。我们的工作是有季节性的，所以每年3月我都需要辞退一批雇员。

在我们这一行，有一句俗话："没有人愿意掌管斧头。"结果就形成了一种习惯，越迅速解决问题越好。我在解聘一位雇员时，总是这样说："请坐，这个季度已经结束，我们似乎已没有什么工作给你做了。当然，我相信你事前也知道，我们只是在忙不过来的时候，才请你们来帮忙。"

我所说的话，只会给这些人带来一种失望，一种被人遗弃的感觉。他们当中多数是终身在会计行业中讨生活的。他们对这样草率辞退他们的机构当然不会怀有特别的感激之心。

最近，我决定在辞退那些季节性人员时稍微使用一点技巧，我仔细考察了每个人在这一季中的工作表现后才约见他们。我是这样说的：

"××先生，你这一季度的工作表现很好。上次我派你到纽瓦克城处理的那件事困难重重，但是你却做得有声有色，公司有你这样的人才，实在幸运。你很能干，不管你在哪里工作，都会有很好的前途。公司很相信你，也很感激你，希望你有空常来玩！"

结果如何呢？这些被辞退的人心情似乎舒服多了，他们不再觉得受了委屈。他们知道以后如果这里再有工作，还会请他们来的。当我们需要再用他们的时候，他们会带着深切的私人感情重新投靠我们。

下面这个故事来自于宾夕法尼亚州哈里斯堡的弗雷德·克拉克。

有一次，一位副总经理在生产会议上，非常尖锐地质问一位管理生产过程的监督员，话语中满含火药味，并明确指出那位监督员处理问题不当。为了避免遭到羞辱，监督员的回答也含混不清。副总经理见状，不禁怒气冲冲地严斥这位监督员，并指责他在说谎。

在这种情况下，之前的所有工作成绩都一笔勾销了。这位监督员其实是位优秀的员工，但从那一刻起，他对我们公司来说已经毫无用处。几个月后，他离开了公司，为我们的一家竞争对手工作。听说他在那儿表现非常称职。

我的培训班上的一位学员安娜·马佐尼，也讲述了她在工作中遇到的一件非常类似的事情，但处理方式和结果却与上一案例大相径庭。

安娜·马佐尼小姐是食品包装业的一名市场营销专家，她初入社会的第一份工作是一项新产品的市场测试。她对班上的同学说：

“测试结果出来后，我发现自己在计划中犯了一个很大的错误，导致整个测试必须重做一遍。更糟糕的是，我在下次开会时需要提交这次计划的报告，而我完全没有时间去跟老板讨论了。

“做报告的那一刻终于来临了，我非常不安。我努力保持镇定，不让自己哭出来，以免公司的人认为女人总是过于情绪化，无法胜任行政业务。我的报告非常简短，我表示由于出现了一个错误，我将在下次会议前重新研究。然后，我忐忑不安地坐下来，以为老板肯定会狠狠地批评我一顿。

“然而，他没有那样做，只是说感谢我的工作，同时强调在一个新计划中犯错是常有的事，他对我充满信心，相信第二次的测试会更加准确，更有意义。

“会议结束后，我的内心百味杂陈，下定决心不再让老板失望。”

假如我们是对的，别人是错的，在不给别人留情面的前提下批评指责他，也许会毁了他。法国传奇性的飞行先锋和作家安东尼·德·圣埃克苏佩里说：“我没有权利去做或说任何事来贬抑一个人的自尊。重要的并不是我觉得他如何，而是他觉得他自己如何，伤害别人的自尊是一种罪过。”

已故的马洛先生拥有一种奇妙的才能，他善于劝解两个水火不相容的生死仇家。他是如何做到的呢？他很仔细地找出双方都有理的地方，然后对这一点加以赞许，直到双方都满意为止。不论最后如何解决，他绝不说任何一方有错。

每一个仲裁者都懂得保全他人的面子。

世界上真正伟大的人物，不会只注意自己某方面的成就。历史上有这样一个事实：

经过数百年的敌对仇视，土耳其人在1922年决定把希腊人驱逐出境。土耳其总统凯末尔坚定地对士兵们说：“你们的目的地就是地中海。”就是这样一句话，使一场近代史上最激烈的战争拉开了帷幕。这场战争的结果是，土耳其获胜。希腊的两位将军铁考彼斯和狄阿尼向凯末尔请降时，沿途受到了土耳其民众的辱骂。

不过，凯末尔并没有以胜利者自居而显现出骄傲的态度。他握着他们的手说：“两位请坐，你们一定感到疲倦了！”凯末尔谈了战争的情况后，为了减少他们心理上的苦痛，又说：“战争就像一场竞技比赛，有时候高手也难免会遭遇失败。”

凯末尔虽然获得了光荣的胜利，但是他记住了一个重要的规则，那就是：保全对方的面子。

所以，获取他人信服的第五个诀窍：

让对方保全面子。

赞许他人最微小的进步

我很早就认识彼特·巴洛，他从事驯狗工作，一生都随同马戏团和杂技表演团到处旅行表演。我喜欢看他训练新狗演戏。我注意到，每当狗在动作上稍有进步时，巴洛便会轻轻地拍拍它、称赞它，还给它肉吃，似乎它做了一件不得了的大事。

这并不是什么新鲜事。驯兽师几个世纪来都在运用这种技巧。

让我感到奇怪的是，当我们想要改变一个人的意志时，为什么不用训练动物那样的技巧呢？我们为什么不用肉来替代皮鞭？也就是说，为什么不用称赞来替代责备呢？即使只有微小的进步，我们也要称赞，这样可以鼓励别人继续进步。

劳斯狱长发现，即使是星星监狱里凶狠的犯人，赞赏他们最微小的进步也是有效的。写这本书的时候，我收到了劳斯狱长的一封信，他在信上说："我发现对于犯人们的勤劳，如果加以适度的夸奖，要比严厉地惩罚、责备他们的过失，更能得到他们的合作，更能促进他们恢复人格。"

我从来没有在星星监狱坐过牢——至少目前还没有，但回想过去的生活，确实有若干时候因为几句赞美的话而改变了我的一生。你这一生中，是否也有过同样的情形？历史上有关称赞而使人迈向成功的奇迹，真是不胜枚举！

50年前，有个10岁的孩子在那不勒斯的一家工厂里做工。他从小就怀有一个愿望，希望将来成为一个歌唱家。可是，他的第一位老师却打击他说："你不能唱歌，你的嗓子很差，发出来的声音就像风穿过百叶窗一样难听。"

然而，这个孩子的母亲——一个贫苦的农家妇女，她热烈地拥抱他，称赞他，说他能唱歌，她已经看到他的进步了。母亲同时做好几份工作，为的是多挣些钱来给儿子付音乐班的学费。这位农家母亲鼓励自己的儿子，称赞自己的儿子，终于改变了这个孩子的一生。你也许曾经听过这个孩子的名字，他就是当代最伟大、最著名的男高音歌唱家恩里科·卡鲁索。

1922年，加利福尼亚有个年轻人，连养家糊口都感到非常困难。星期天，他去教会唱诗班卖唱；偶尔在别人的婚礼中演唱，可以赚到5美元。他的生活十分贫困，由于没有能力住在城里，他在乡下的一个葡萄园里租了一间破旧的房子，每月的租金是12.5美元。

尽管租金如此便宜，他还是无力负担，拖欠了房东十个月的租金。在环境的逼迫下，他替房东摘葡萄以偿还租金。他后来告诉我，当时，在不得已的情形下，穷得没有东西吃时他就拿葡萄来填饱肚子。

失望之余，他几乎想放弃唱歌这个爱好，去推销载重汽车。就在这时，他的朋友休士称赞了他，对他说："你的嗓音颇有发展的可能，你该去纽约学唱歌才是。"就是这一句称赞，这轻微的鼓励，成了他一生的转折点。他向朋友借了2 500美元去东部学唱歌。你或许也听说过他的名字，他是一位有名的歌唱家，叫铁贝得。

许多年前，伦敦有个年轻人渴望成为一名作家。可惜事与愿违，所有事情都好像跟他过不去似的——他上学不到4年，父亲便因为还不起债而入狱，这个年轻人饱尝饥饿的滋味。最后，他找到了一份工作——在一间老鼠满地跑的库房里粘贴墨水瓶上的标签。

夜晚，他和两个来自伦敦贫民窟的顽童一起住在一间阴暗的阁楼里。他对自己的写作能力毫无信心，当他完成第一篇稿件时，因为害怕受到别人的讥笑，只得在深夜悄悄溜出去把稿子投入邮箱。他不停地写稿、投稿，但他寄出的稿子也接连被退了回来。终于，伟大的一天到来了，他的一篇稿子被录用了。不过，他连一先令的稿费也没有得到，录用他那篇稿子的编辑赞许了他的作品，他高兴极了，兴奋得泪流满面，漫无目地在街上游荡。

由于一篇稿子被刊登所得到的称赞和认可，改变了他的一生。如果不是这次鼓励，他可能会在老鼠成灾的工厂里浑浑噩噩地度过一辈子。这个年轻人的名字或许你早已知道，他就是英国大文学家查尔斯·狄更斯。

伦敦的另一个孩子，在一家干货店当伙计。他每天必须在早上5点的时候起床，把店铺打扫干净，然后像奴隶一样连续工作14小时。这简直就像是苦役，他看不起自己的工作。2年后，他终于忍受不住了。一天早晨，他起床后没有吃早餐便步行15英里去找他的母亲，她当时在给别人当管家。

他疯了似的请求她，哭着发誓道，假如他还要留在那家商店，他会自杀的。接着，他给老校长写了一封带有悲剧色彩的长信，说他的心已经破碎，不想再继续活下去了。老校长鼓励了他，说他是个非常聪明的孩子，理应得到一份更好的工作，并让他担任学校的教师。

老校长的鼓励改变了这个孩子的命运，后来，他在英国文学史上留下了不朽的一页。你也许听说过他的名字，他就是赫伯特·韦尔斯。

世界上最伟大的心理学家史金纳教授认为，我们应该用赞扬来代替批评。他分别以动物和人做实验，发现如果减少批评、增加夸赞，被实验者就会多做好事，而相对不好的方面则会大大减少。

北卡罗来纳州的约翰·林杰波夫便是采用这一方法来对待他的孩子们的。

林杰波夫夫妇就像许多父母所做的那样，动辄对孩子们大声吼叫。种种迹象显示，在经历了这样一段时间之后，孩子们与父母之间的关系恶化了。

参加我的培训班后，林杰波夫先生决定试一试自己学到的方法。他说："我们决定以称赞来代替挑错。当孩子经常做错时，这确实很难做到，要找到一些能够让人真心称赞的事并不容易。于是，我们就想方设法找出孩子们值得赞扬的事情。第一天，他们没有再做像以前那些令人不愉快的事情。接着，他们其他的错误也消失了，孩子们开始按照我们的赞许去行事。结果实在出人意料，我们几乎不敢相信自己的眼睛。当然，这种情况没有持续多久，但也比以前好多了。现在我们不用再像以前那样大吼大叫，而孩子们犯的错误也远远少于做对的事情。”

这就是赞美最微小的进步，而不是斥责过失的结果。它同样可以运用于工作中。

加利福尼亚州木林山公司的凯斯·罗伯特对此深有体会。他的印刷厂承接的业务对于品质的要求很精细。厂里有一位印刷工是新来的，不太适应工作，他的上司为此很不高兴，打算辞退他。

罗伯特先生得知后，亲自来到印刷厂，找这位印刷工谈话。他表示，他对年轻人刚接手的工作感到非常满意，因为这是他在公司看到过的最好的产品。他还指出这些东西到底好在哪里，以及年轻人对公司的重要性。

想想看，年轻人对公司的态度会不受到影响吗？短短几天后，情况便大为改观。这位印刷工对同事说，罗伯特先生非常欣赏他所生产的产品。从此，他成了一位忠诚、细心的员工。

在这个案例中，罗伯特先生并没有刻意奉承印刷工，而是具体地指出他的工作好在哪里，这种赞美对被赞美者具有重要意义。人人都喜欢受到赞美，但赞美必须具体真诚，而不是为了让人高兴而说的泛泛之词。

人人都渴望得到赞美和认可，并且会尽一切努力得到它。不过，没有人希望得到那种不诚恳的阿谀奉承。

再次强调，本书所提出的各种原则，只有真心诚意地实践，才能真正起到作用。我不是在教你要阴谋诡计，我谈的是一种全新的生活方式。

说到如何改变一个人的意志，假如我们激励身边的人，让他们知道自己身上潜藏着的财富，那我们所做的就不只是改变他们的意志，而是改变他们一生的命运！

这话夸张吗？现在我们来看看已故的哈佛大学著名教授，也是美国最负盛誉的心理学家兼哲学家威廉·詹姆斯留下的名言：

“若与我们应当成就的事业相比，我们不过是半醒着。我们现在只利用了我们身心资源的一小部分。广义地说，人类的能力远未开发。我们拥有各种能力，却习惯于不会利用。”

是的，正如前面所说，我们具有各种潜在的能力，却不会利用。这潜在的能力，其中一项就是称赞别人、激励别人，让他们知道自己这股潜在的能力所蕴藏的神奇效力。

所以，获取他人信服的第六个诀窍：

称赞对方每一个最细微的进步。

给他人一个好名声

我的朋友钱德太太，住在纽约斯加斯泰尔，她刚刚请了一名女佣，告诉她下周一开始来工作。钱德太太打电话给那个女佣以前的女主人，对方指出了这个女佣的很多缺点。当女佣来上班的时候，钱德太太说："妮莉，前天我打电话给你以前做事的那家太太，她说你诚实可靠，擅长烹饪，很会照顾孩子。不过，她说你平时比较随便，总是不能将房间整理干净。我相信她的话是没有根据的，你穿得很整洁，这是谁都可以看出来的——我敢打赌，你收拾的房间一定和你的人一样整洁。我也相信，我们一定会相处得很好。"

是的，她们果然相处得非常好。为了顾全自己的名誉，妮莉把屋子收拾得干干净净，她宁愿多花些时间，辛苦一些，也不愿意破坏钱德太太对她的好印象。

包德温铁路机车工厂总经理华克伦说："一般人都会愿意接受指导，如果你得到他的敬重，并且对他的某种能力表示敬重的话。"

我们也可以这样说，如果你想改善一个人某方面的缺点，必须认定他已经具备这方面的优秀品质。莎士比亚说："如果你没有某种美德，就假定你有。""假定"对方有你所要激发的某种美德，给他一个美好的名誉去表现，他将会尽其所能而不愿让你感到失望。

吉尔吉特·利布兰克在其著作《我和马德林的一生》中，叙述了一个卑贱的比利时女佣的惊人改变：

隔壁饭店里有个女佣每天给我送饭菜来，人们都叫她"洗碗的玛丽"，因为她一开始只是厨房里的一个杂工。她的长相很古怪：一对斗鸡眼，两条弯弯的腿，身上瘦得没有4两肉，精神也是无精打采、迷迷糊糊的。

有一天，当她用红通通的双手端着一盘面来给我时，我坦诚地对她说："玛丽，你知不知道你有很多内在的美？"

玛丽平时习惯于压抑自己的情感，生怕会招来什么灾祸，不敢做出一点喜欢的样子。她把面放在桌子上，叹了口气说："夫人，我是从来不敢想到那些的。"她没有任何怀疑，也没有提出更多的问题，她只是回到厨房，反复思考我说的话。由于那些人很相信我，所以再也没有人取笑她。

从那天起，甚至有人体恤她。而她那谦卑的心理似乎也发生了一种神奇的变化。她相信自己确实拥有一些自己看不见的优点，并开始注意修饰自己的容貌和身体；她那原本干瘪的身体，渐渐洋溢出青春的气息来，掩盖了她的缺陷。

两个月后，当我要离开那个地方时，她突然告诉我，她马上就要跟厨师长的侄子结婚了。她悄悄地告诉我："我要去做人家的太太了!”她向我道谢。我只用了一句简短的话，就改变了她的人生。

利布兰克给了“洗碗的玛丽”一个美好的名誉，而那个名誉改变了她的一生。

比尔·帕克是佛罗里达州德托纳海滩一家食品公司的推销员，他对公司新推出的系列产品感到兴奋不已。但是，一家大食品公司的经理决定取消展销该产品，他为此很不高兴。这件事他整整想了一天，决定在下班回家前去那家公司争取一下。

他对那家的公司经理说：“杰克，我在今天早上离开时，没有让您真正了解我们最新推出的产品。假如您容许我继续介绍还没有说完的几点，我会非常感激。您为人一向宽容大度，我很敬重您听人谈话的雅量，当事实需要您做出改变时，您不会拒绝改变自己的决定。”

这样一来，帕克会遭到拒绝吗？当然不会，为了自己的好名声，杰克必然不会拒绝他。

马丁·费兹夫是爱尔兰都柏林的一位牙科医生。一天早晨，他对一位病人抱怨他用的漱口杯托盘不干净——没错，漱口杯托盘都生锈了，这无疑是不够专业的表现。

病人离开后，费兹夫医生关上诊所的门，坐下来给每周为他打扫两次卫生的女佣布利基特写了一封信。他在信中写道：

亲爱的布利基特：

近来我甚少见到你，我想我应该抽出时间来感谢你为我做的清洁工作。顺便提一下，每周两个小时的清扫时间似乎有点少，假如你愿意，我想请你随时到我这里来工作半个小时，做些你认为应该经常做的事，比如清理漱口杯托盘等。当然，额外产生的费用我会另外支付的。

“第二天我走进办公室，”他说，“发现我的桌子和椅子擦得像镜子一样光亮，我差点滑了下去。诊室里的铬制杯托放在储存器里，前所未有的干净光亮。我赞美了女佣，使她去努力，而且为了这么一个小小的赞美，她尽了自己最大的努力。而这使她多花了时间吗？当然，一点也没有！”

俗话说：“给人一个坏名声，你就会让他上吊。”那么，给他一个好名声呢？

露丝·霍普金斯女士是纽约布鲁克林镇一位四年级的老师，新学期的第一天，当她翻阅班里的学生名册时，不禁产生了某种忧虑：今年她的班上有一个全校最顽皮的“坏孩子”汤姆。汤姆读三年级时，他的老师总是向同事或校长抱怨，汤姆不仅爱搞恶作剧，严重违纪，跟男同学打架，还捉弄女同学，对老师无礼，并且越来越恶劣。他唯一值得称赞的是他能够迅速、熟练地掌握学校的功课。

霍普金斯女士经过思考，决定直面这个“问题汤姆”。和新学生首次见面时，她对每个人都做了一些评论：“露丝，你的衣服很漂亮。”“阿莉西亚，听说你的画画得很好。”轮到汤姆了，她双眼直视汤姆，说：“汤姆，我知道你天生是个领导者。今年我需要你帮助我把这个班变成四年级最好的班。”开始几天，她总是强调这一点，并夸奖汤姆所做的一切，说他的行为表明他是一个很好的学生。即使只是一个年仅9岁的男孩，在这种值得奋斗的美名的激励下，也会让人得偿所愿。最后，汤姆真的做到了。

利士纳在激励驻法的美国士兵时，也运用了同样的方法。哈巴德将军——一位最受人们欢迎的美国将军，曾经对利士纳说，在他看来，在法国的200万美国兵是他所接触过的最合乎理想、最整齐的队伍。

这是不是过分的赞许？或许是的。不过，我们来看看利士纳是如何做的。

利士纳说：“我从未忘记把哈巴德将军说的话告诉士兵们，我并不怀疑这话的真实性，即使并不真实，那些士兵知道哈巴德将军所说的话后，也会努力去达到那个水准。”

古语云：“如果不给一条狗取个好听的名字，不如把它勒死算了。”

富人、穷人、乞丐、盗贼，几乎每个人都愿意竭尽所能地保持别人赠予他的“诚实”的美誉。

星星监狱的监狱长劳斯说：“如果你必须去对付一个盗贼、骗子，只有一个办法可以制服他，那就是待他如同对待一个诚实、体面的绅士，假设他是位规规矩矩的正人君子。他会受宠若惊，很骄傲地认为有人信任他。”

这句话太重要，说得太好了！

所以，获取他人信服的第七个诀窍：

给人一个好名声，让他为之去努力。

使他人的错误看起来更易改正

我有一个年近40岁的单身朋友，不久前终于订婚了。他的未婚妻劝他学跳舞，这对他来说或许太迟了。他告诉我这一情形的时候说：

“天知道，我需要学跳舞——因为我现在跳起来还是像20年前第一次跳舞时一样，没有任何长进。我请的第一位老师说的或许是真话，她对我说，我的舞步完全不对，必须从头学起。她的话让我感到很灰心，没有勇气继续学下去，于是辞退了她。

“第二个老师说的也许不是实在话，但我听了却很高兴。她说，我跳的舞步有点过时，但基本步子是对的；她说我不难学会几种流行的新舞步。

“第一个老师指出我的毛病，结果打消了我的兴趣；第二个老师则恰好相反，她不断地称赞我，忽视我舞步上的错误。她肯定地对我说：‘你有一种很自然的韵律感，你真是一位天生的舞蹈家。’当然，我自己知道，我只是一个四流的跳舞者。不过，我心里仍然愿意相信她说的是真话。是的，或许是我付了学费才使她说那些话的，但又何必说穿呢？

“无论如何，我现在跳舞比以前好多了，这都是因为她说我有一种‘很自然的韵律感’。我感谢她，她的话鼓励了我，给了我希望，使我自己愿意改进。”

如果你告诉你的孩子、配偶或是员工，他在某件事上愚蠢至极，没有任何天分，他所做的完全不对，那你就打消了他想要进取、上进的念头。但是，如果你运用相反的方法，多加鼓励，就可以把事情变得更容易，使对方知道你对他有信心，他拥有无限的潜力，他就会付出最大的努力，争取做到最好。

这也是罗维尔·托马斯所使用的方法——他是人类关系学上一位伟大的艺术家。他会成全你，给你信心，用勇气和信任来鼓励你。现在我将举出一个例子来。

星期六晚上，托马斯夫妇约我一起玩桥牌。我对桥牌可以说是一窍不通，这种游戏对我就像一个极为神秘的谜。“不，不，我不会！”我不得不这样说。

托马斯说：“戴尔，这并不需要什么技巧。玩桥牌时，只要用点记忆和判断就行了，此外就谈不上任何技巧了。你曾写过有关记忆方面的文章，所以桥牌对你来说再容易不过了，而且正对你的胃口。”

这是我有生以来第一次坐在桥牌桌上，因为托马斯说我有玩桥牌游戏的天分，让我感觉这种游戏并不难。

谈到桥牌游戏，我不禁想起了赫伯逊。凡是玩桥牌的人，没有不知道他的。他所著的有关桥牌的书籍已经被译成12种文字，销售的数量不下100万册。但是，他曾经这样跟我讲过，若不是一位年轻女士说他有玩桥牌的天分，他永远不会以这种游戏为职业。

1922年，赫伯逊来到美国，打算找一个教哲学或社会学的职业，可惜没有结果。后来，他替别人推销煤，但也失败了。他又试着推销咖啡，仍然一事无成。

他也打过桥牌，但他从未想过有朝一日会教人玩桥牌游戏。他不但牌技很烂，而且为人固执。他经常会提出很多麻烦的问题去问对方，所以谁也不愿意跟他一起玩牌。

后来，他遇到了一位美丽的桥牌老师约瑟芬·迪伦女士，与她陷入爱河，并且结了婚。当时，迪伦注意到他十分细心地分析自己手里的牌，于是说他对桥牌有潜在的天分。赫伯逊对我说，正是迪伦的鼓励，使他后来成为职业的桥牌专家。

我们在俄亥俄州辛辛那提的一位老师克劳伦斯·琼斯表示，鼓励及使问题看起来容易一些的方法改变了他儿子的一生。他说：

1970年，我的儿子大卫15岁，搬到辛辛那提来与我同住。他是个不幸的孩子。1958年，他遭遇了一次车祸，脑部受了伤，不得不做手术，在前额留下了一道丑陋的疤痕。1960年，我和他的母亲离了婚，他和母亲搬到得克萨斯州达拉斯居住。由于学习能力较差，他在15岁前一直是在特别班里学习。也许是伤疤的关系，学校判定他的脑部受伤，无法正常运转。他现在才念到七年级，比同龄的孩子慢了 2 年。他还不会乘法，只会用手指算数，阅读能力也不好。

值得庆幸的是，他喜欢研究收音机和电视，梦想将来做个电视机技师。我抓住他的这一优点，经常鼓励他，并告诉他需要学好数学才能参加训练。

为了让他做到熟能生巧，我决心帮助他克服这一科的难关。我买了加法、减法、乘法、除法四组彩色卡片，和他一起看卡片，他一边看一边把正确的答案放到空白栏内，如果他漏掉了，我就给出正确的答案，让他把它放上去，直到全部做完为止。

我常常要花很长时间才能让他放对所有的卡片，尤其是之前错过一次的。我们每天晚上都会练习一次，用手表计时。我向他保证，假如他能在 8 分钟内做对全部的卡片，以后就不用每天晚上都做了。但这对大卫来说似乎是强人所难。

第一次，他用了 52 分钟，第二次是 48 分钟，然后是 45 分钟、41 分钟，再后来就少于 40 分钟了。我总是称赞他每一次的进步，并打电话告诉我的前妻。她来看他，我们紧紧地拥抱他，还跳了一曲吉格舞。到月底时，他只用了不到 8 分钟便准确无误地放完了所有的卡片。每当他有所进步，他都要求再做一遍。他惊讶地发现，学习是一件很有趣也很容易的事情。

自然而然地，他的数学成绩有了很大进步。他学会了乘法后，代数也变得简单了许多。他自己也很惊讶，他的数学成绩居然得了个 B，真是前所未有的好成绩。其他的变化也大得令人难以置信。他的阅读能力有了快速的提高，并开始创造性地画图。到了学期末，他的科学老师指定他筹办一个展览，他决定以一种高难度的模型来证明杠杆的影响。这需要画画和模型制造方面的技巧，而且还要用到数学原理。但他获得了成功，最后，他以全校第一名的成绩参加了市展的比赛，并荣获三等奖。

这真是一个奇迹。毕竟他曾是一个留级2年的孩子，被学校认定脑部受损，被同学戏称为“摩登原始人”，讥讽他的大脑从脑部的缺口漏掉了。但是，他发现运用这种方法能够让自己搞好学习，并且完成一些艰难的工作。从八年级最后一学期开始，直到高中，他都排名在荣誉榜上。高中时，他入选到全国荣誉协会。

“当他发现学习容易而有趣时，他的人生也有了质的变化。”

所以，获取他人信服的第八个诀窍：

用激励方法，使对方认为错误看起来很容易改正。

善于向他人授权

1915 年，世界局势动荡不安，欧洲各国相互残杀，其规模之大，可以说是人类战争史上罕见的。和平能实现吗？没有人知道。但是，伍德罗·威尔逊总统决心要为这件事而努力，他计划派一个私人代表作为和平特使，去与欧洲列强谈判。

当时，国务卿威廉·布莱恩是和平倡导者，他很希望为这件事奔走。他知道这是个建功扬名的绝佳机会——可以完成一个名垂青史的伟大任务。然而，威尔逊总统却委派了另一个人，也就是布莱恩的好友和智囊霍斯上校。对霍斯上校来说，要把这件事告诉布莱恩而不引起他的不快，是件不容易的事。

霍斯上校在日记中写道：

“当布莱恩听说我要去欧洲出任和平特使时，他显然感到极大的失望。布莱恩表示，这件事他原打算亲自去斡旋……

“我回答说：‘总统认为由一位政府要员去处理这件事是非常不适宜的。如果派您去的话，会引起人们极大的注意——美国政府怎么派一个国务卿来商谈此事？’”

你是否看出了这话中的暗示？霍斯上校实际上是在告诉布莱

恩他的职位何等重要，承担这项工作是极不适宜的。而布莱恩听了感到十分满意。

机警而富于处世经验的霍斯上校，奉守了人际关系中的一个重要规则，那就是：“永远使人们乐意去做你所建议的事。”

威尔逊总统在请麦卡杜担任他的内阁成员时，也运用了这一策略。那是他能给任何人的最高荣誉，但威尔逊总统的做法让人感觉到自己加倍的重要。下面是麦卡杜自己叙述的经过：

“威尔逊总统说他正在组织内阁，如果我答应担任财政部长一职，他会非常高兴。他把这件事说得让人非常愉快——他让我觉得，如果我接受这项荣誉，就帮了他一个大忙。”

不幸的是，威尔逊总统没有一直运用这种手腕，否则，历史的演变或许就跟现在不一样了。

例如，在美国加入国际联盟这件事上，威尔逊总统并没有获得参议院和共和党的赞同。因为他拒绝让罗德、休斯或洛奇这些著名的共和党领袖和他一起参加和平会议，反而带了两个党内没有名望的人去参加会议。他冷落了共和党，让他们觉得创办国联不是他们的主意，而是他的意思，而且不让他们插手此事。这种粗暴的处理方式，摧毁了威尔逊总统的事业，损害了他的健康，甚至影响到他的寿命，并使美国始终没有加入国际联盟，改变了世界的历史。

万特是纽约一家印刷公司的经理，他想要改变一位技术工程师的工作态度并增加他的工作激情，又不希望引起对方的反感。这位技术工程师负责管理若干台打字机和其他24小时不停运转的机器，他总是抱怨工作时间太长，工作太多，缺少帮手。

而万特先生没有缩短他的工作时间，也没有给他增加任何助手，却使这位技术工程师高兴起来。他是怎么做的呢？万特想出的主意很简单——给那位技术工程师一间私人办公室，办公室外面挂上一块牌子，上面写着他的名字和头衔——服务部主任。

这么一来，他不再是任何人都可以随便使唤的修理匠了。他现在是一个部门的主任，他有了受人重视的感觉。这位“服务部主任”现在很高兴，也不再抱怨了。

冈特·斯密特管理着一家食品店，店里有个员工经常把价签和陈列的商品贴错，引起管理上的混乱和顾客的抱怨。主管提醒和责备都毫无用处。后来，斯密特先生把她叫到办公室，任命她为商店的价签监督员，她必须保证所有货架上的商品标价正确。结果，她的工作态度有了翻天覆地的变化，从那以后，她在工作中犯错的概率大大降低了。

这是不是太幼稚了？或许是的。类似的一件事发生在拿破仑身上。在训练荣誉军时，他颁发了1 500枚十字徽章给他的士兵，提升他的18位将军为“法国元帅”，称他的军队为“大陆军”。对此，人们也说他有些孩子气，讥笑他把玩具赠送给那些出生入死的老军人。拿破仑回答说：“是的，有时人就是受玩具支配的。”

这种以名衔或权威相赠的方法，对拿破仑的士兵有效，对你同样有效。

例如，我的一个朋友钱德夫人，住在纽约斯加斯泰尔，孩子们经常在她家的草地上乱跑、毁坏草地。但她对那些孩子的劝告、吓唬都不管用，后来，她想出了一个办法。

她从他们中间找出一个最坏的孩子，并给了他一个名衔，使他有一种权威的感觉。她让那个孩子做她的“密探”，专门侦察那些侵入草地的孩子。这个办法果然有效。做她“密探”的那个孩子，在后面的院子里燃起一堆火，把一条铁棍烧得红红的，恐吓别的孩子：谁再闯进草地，他就用烧红的铁棍烫谁。

这就是人类的天性。

一个优秀的领导者，要想改变别人的态度或行为，应该谨记以下几点：

第一，诚恳待人，永远不要承诺无法办到的事，忘掉自己的个人利益，一心为别人的利益着想。

第二，确切地知道你希望别人做些什么。

第三，富有同情心，问问自己别人真正需要什么。

第四，仔细想想，如果别人按照你的建议去做，他将会得到什么。

第五，将利益与别人的需要统一起来。

第六，提出要求时，要让别人感到他将因此获益。

比如，你可以说：“约翰，明天会有客人来，我希望仓库能够干净一些。所以，麻烦你打扫一下，把货物在货架上摆好，把柜台擦干净。”你还可以换一种方式，让对方知道从中能得到什么利益：“约翰，现在有一件事必须马上完成，如果现在做好了，以后就不用做了。明天会有一些客人来参观我们的设备，我想带他们参观一下仓库，但那儿很乱，如果你能打扫一下，把货物在架子上摆放好，并擦干净柜台，这样会让我们看起来很有效率，而你也为打造公司的良好形象尽了一份力。”

对方会按照你的建议去做吗？他也许会不大高兴，但是，如果你不说出他这样做能够得到的好处，他会更不高兴。假如你知道对方以仓库的清洁为荣，并很在意公司的形象，他会更乐意与你合作。这也能让他知道，无论如何，这件事必须完成，如果他现在做了，以后就不用做了。

当然，如果你以为这种方法一定会顺畅无阻，那就大错特错了。但是，许多事实表明，采用这个方法无疑更能改变一个人的态度。假如你只增加了10%的成功率，那你就比原来提高了10%的领导效率——而这正是你所需要的。

所以，获取他人信服的第九个诀窍：

让他人乐意去做你所建议的事。